Petra Bartoli y Eckert

Das große Weihnachtsbuch zum Vorlesen für Menschen mit Demenz

24 schöne und heitere Geschichten

Kaufmann Verlag

Geschichten und Gedichte

Liebe (Vor-)Leserin, lieber (Vor-)Leser,

die Zeit vor Weihnachten ist jedes Jahr etwas ganz Besonderes. Die Tage im Advent üben auch auf Erwachsene eine geradezu magische Wirkung aus. Überall funkeln Lichter, es werden Lieder gesungen, Glöckchen erklingen, es duftet herrlich nach Plätzchen, Wachs, Orangen, Nelken und Tannengrün und ein Hauch von Vorfreude und gespannter Erwartung liegt in der Luft. Dieses Buch soll Sie durch diese schöne Vorweihnachtszeit begleiten – mit Geschichten, die von zauberhaften oder lustigen Begebenheiten sowie von Adventsbräuchen und -ritualen erzählen und so eine große Portion Weihnachtsstimmung verbreiten.

Die Geschichten sind dabei vielfältig einsetzbar: Zum einen können Sie die 24 Erzählungen, Gedichte und Lieder als Adventskalender nutzen. Mit jedem neuen Kapitel rückt Weihnachten näher. So lässt sich jeder Tag in der Vorweihnachtszeit mit einem kleinen Vorleseritual gestalten, das Sie durch gemeinsames Singen oder das Vortragen von Gedichten ergänzen können.

Zum anderen sind die Geschichten so konzipiert, dass sie Erinnerungen bei den Zuhörenden wecken. Die Fragen am Ende der Erzählungen laden dazu ein, über eigene Erfahrungen rund um Weihnachten nachzudenken, in Erinnerungen zu schwelgen und miteinander ins Gespräch zu kommen. So eignen sich die Geschichten gut zum Mitmachen und auch für ein kleines Gedächtnistraining.

Vor allem aber sollen die Texte Vorlesende und Zuhörende in eine weihnachtliche Stimmung bringen und Vorfreude auf das schönste Fest im Jahr wecken.

Ich wünsche Ihnen viel Freude beim Vorlesen und Lauschen, gedankliche Erlebnisse, Erfahrungen für alle Sinne und ein gemeinsames Innehalten mit diesen 24 weihnachtlichen Geschichten.

Herzliche Grüße,
Petra Bartoli y Eckert

1. Dezember

24 Türchen

Renate packt ihre Einkäufe aus. Sie hat bei „Kolonialwaren Müller" Schmalz, Milch, Käse, Brot und ein paar Konserven gekauft. Als alle Lebensmittel im Kühlschrank und der Speisekammer verstaut sind, zieht Renate noch etwas anderes aus dem Einkaufsnetz: einen Adventskalender für ihren Sohn Paul. Vorsichtig streicht Renate über das schöne Bild mit der Winterlandschaft. Sie muss genau hinsehen, um die glitzernden Zahlen von 1 bis 24 zu erkennen. Renate nimmt das Blumenbild von der Wand hinter der Eckbank. An den Nagel hängt sie jetzt den Adventskalender.

„Paul, schau! Ich hab dir etwas mitgebracht", ruft sie in den Flur. Wenige Augenblicke später hört sie Schritte, die sich schnell der Küche nähern. Kaum tritt Paul durch die Tür, hat er den Adventskalender auch schon entdeckt. Mit großen Augen betrachtet er das Bild mit den verschneiten Hausdächern und Tannenbäumen.

„Du darfst ein Türchen nach dem anderen öffnen. Immer schön der Reihe nach. Wenn alle Türchen auf sind, ist Weihnachten", erklärt Renate dem vierjährigen Naseweis.

Paul nickt, aber er scheint gar nicht richtig zuzuhören.

„Schau nur, Mama! Da sitzt ein Rabe auf dem Baum", murmelt er und deutet auf das Adventskalenderbild. Renate lächelt gerührt.

„Ich geh jetzt in den Keller und hänge die Wäsche ab. Sei inzwischen artig. Wenn Papa kommt, gibt es Abendbrot", sagt Renate und streicht Paul über den Kopf.

Als Renate eine halbe Stunde später mit dem vollen Wäschekorb die Kellertreppe nach oben kommt, ist ihr Mann Wolfgang schon da. Er steht an der Garderobe und hängt seinen Mantel an den Haken.

Renate stellt den Wäschekorb auf die Kommode im Flur und gibt ihrem Mann einen Kuss auf die Wange.
„Hab ich einen Kohldampf!", sagt Wolfgang.
„Dann komm", lacht Renate. „Es gibt Toast Hawaii. Ich muss nur noch den Ofen anschalten."
Bevor Renate nach der Klinke der Küchentür greifen kann, wird die Tür von innen aufgerissen. Paul steht im Türrahmen und strahlt seine Eltern an.
„Jetzt ist Weihnachten!", ruft er begeistert.
„Aber nein", meint Wolfgang und lacht. „Das dauert noch 23 Tage."
„Gar nicht wahr!", sagt Paul und zieht den Adventskalender hinter seinem Rücken hervor.
„Aber Paul!", ruft Renate erschrocken.
Sie nimmt ihrem Sohn den glitzernden Kalender aus der Hand.
Alle Türchen sind offen. Renate erkennt dahinter das Bild eines Schaukelpferdes. Und eine Kerze sieht sie auch hinter einer offenen Papptür hervorspitzen.
„Ich sagte doch, du sollst artig sein!", schimpft sie. „Wolfgang! Sag doch auch etwas!"
Wolfgang räuspert sich. Er bückt sich zu seinem Sohn hinunter und sieht ihn streng an. „Warum hast du denn alle Türchen auf einmal aufgemacht?", fragt er.
Paul streckt seinen Rücken durch und legt den Kopf schief.
„Ich habe die Türchen gar nicht auf einmal aufgemacht. Sondern der Reihe nach. Erst die Nummer 1, dann 2. Bis 24. So, wie Mama es gesagt hat", verkündet Paulchen stolz.
Renate seufzt. Ja, das hatte sie so gesagt.
„Aber doch nicht alle heute. Sondern jeden Tag nur eins", flüstert sie resigniert.
„Dann ist heute noch gar nicht Weihnachten?", fragt Paul enttäuscht.

Wolfgang schüttelt den Kopf. Aber Renate kann genau sehen, dass seine Mundwinkel zucken.
„Weihnachten ist erst in 23 Tagen. So lange musst du dich noch gedulden. Jetzt drücken wir die ganzen Türchen wieder zu. Dann machst du ab morgen jeden Tag eins davon auf", meint Wolfgang und nimmt Paul an der Hand.
Während die beiden sich an den Küchentisch setzen, geht Renate zum Herd, um den Toast zu überbacken.
„Paulchen ist schon ein schlaues Kerlchen", murmelt sie, als sie durch die Ofenklappe linst. Dabei muss sie doch ein wenig grinsen.

Gesprächsimpulse zur Geschichte:

- Hatten Sie früher / als Kind einen Adventskalender?
- Von wem haben Sie den Adventskalender bekommen?
- Was war Ihr schönster Adventskalender? Wie hat er ausgesehen?
- Was war in Ihrem Adventskalender hinter den Türchen?
- Haben Sie sich als Kind daran gehalten, jeden Tag immer nur ein Türchen des Adventskalenders zu öffnen?

Alle Jahre wieder

Alle Jahre wieder
Kommt das Christuskind
Auf die Erde nieder,
Wo wir Menschen sind;

Kehrt mit seinem Segen
Ein in jedes Haus,
Geht auf allen Wegen
Mit uns ein und aus;

Ist auch mir zur Seite
Still und unerkannt,
Dass es treu mich leite
An der lieben Hand.

Wilhelm Hey

2. Dezember

Die geretteten Plätzchen

Heute ist Backtag. Hannelore hat sich vorgenommen, die erste Sorte Weihnachtsplätzchen zu machen. Sie schaut auf die Uhr. Bis Gustav von der Arbeit heimkommt, müsste das zu schaffen sein. Hannelore hat schon alle Zutaten vorbereitet: Mehl, Butter, Zucker, Eier und gemahlene Mandeln stehen auf dem Tisch. Auch das Nudelholz liegt schon bereit.
„Jetzt noch die Förmchen", murmelt Hannelore.
Sie öffnet die Küchenschublade und kramt den Tannenbaum, das Herz, den Stern, das Glöckchen und den Mond aus Blech hervor. Dann bindet Hannelore sich ihre Schürze um und macht sich an die Arbeit. Dabei singt sie leise ihr Lieblingsweihnachtslied: „Kling, Glöckchen, klingelingeling …"

Als das erste Blech im Ofen ist, schellt es. Hannelore nimmt ihre Schürze ab und geht zur Tür.
„Paula! Was machst du denn hier?", ruft Hannelore erstaunt, als sie sieht, dass ihre Freundin im Hausflur steht.
„Kann ich kurz reinkommen? Ich brauche deinen Rat", sagt Paula und zeigt auf eine Tasche voller Stoffe, die an ihrem Arm baumelt.
Hannelore winkt ihre Freundin in die Wohnung.
„Du bist doch so eine gute Schneiderin. Ich will den Kindern zu Weihnachten neue Hemden nähen. Aber ich komme einfach nicht weiter", erklärt Paula.
Hannelore öffnet die Wohnzimmertür. „Na, dann komm mal rein in die gute Stube. Da haben wir Platz."

Hannelore steht ihrer Freundin mit Rat und Tat zur Seite. Sie erklärt Paula geduldig, wie sie den Hemdkragen mit Steg und die verdeckte Knopfleiste hinbekommt. Die Zeit verfliegt. Paula bedankt sich

schließlich herzlich und rafft ihre Stoffe wieder zusammen. Im Flur verabschiedet sich Hannelore von ihr. Plötzlich steigt ihr ein stechender Geruch in die Nase.
„Um Himmels willen! Die Plätzchen!“, ruft Hannelore, lässt ihre Freundin stehen und läuft in die Küche.
Dort vernebeln schon dichte Rauchschwaden den Raum. Hannelore zieht die Ofenklappe auf, greift nach den Topflappen und holt das Backblech heraus. Scheppernd stellt sie es auf die Arbeitsplatte. Dann rennt sie zum Fenster und reißt es auf.
„Oje, jetzt hab ich dich aufgehalten und deshalb sind deine Plätzchen verbrannt“, stellt Paula fest.
Sie hat ihren Kopf durch den Türspalt gesteckt und macht ein zerknirschtes Gesicht.
Hannelore betrachtet die verkohlten Sterne und Glöckchen auf dem Blech. Dann lässt sie die Schultern hängen.
„Die schönen Plätzchen! Die kann man nur noch wegschmeißen“, murmelt sie.
Paula tritt hinter sie.
„Ach was, weggeschmissen wird hier gar nichts. Ich hab da so eine Idee. Außerdem: Gerade hast du mir geholfen. Jetzt helfe ich dir. Rühr schon mal Zuckerguss an.“
Hannelore dreht sich verblüfft zu Paula um. „Aber die kann man doch niemals essen“, ist sie überzeugt.
Paula nickt und lächelt. „Essen nicht. Aber aus den Briketts machen wir jetzt einfach Christbaumschmuck. Dann sind sie immerhin noch für etwas gut.“
Hannelore weiß noch immer nicht, was sie von Paulas Vorschlag halten soll. Aber sie tut, wie ihre Freundin ihr geheißen. Paula nimmt am Esstisch Platz und macht sich an die Arbeit. Mit einem Küchenmesser schabt sie von jedem Plätzchen die oberste schwarze Schicht ab. Dann bepinselt sie Sterne, Monde und Herzen dick mit Zuckerguss.

„Das Verzieren überlasse ich dir“, sagt Paula und schiebt den Teller mit den geretteten Plätzchen zu Hannelore hin.

Eine Stunde später, als Paula längst gegangen ist, kommt Gustav nach Hause. Er öffnet die Küchentür und schnuppert.
„Hast du Plätzchen gebacken?“, fragt er seine Frau.
Hannelore schüttelt den Kopf.
„Nein, Plätzchen sind morgen dran. Heute habe ich mich um den Weihnachtsschmuck gekümmert.“
Grinsend hält sie ihm die bunt verzierten Baumanhänger aus Teig entgegen. Von dem Missgeschick ist keine Spur mehr zu sehen. Ob sie Gustav davon erzählen wird, muss sie sich noch überlegen.

Impulse zur Geschichte:

- Wann gab es bei Ihnen Weihnachtsplätzchen zu essen? Schon während der Adventszeit oder erst an Weihnachten?
- Welche Plätzchen gab es bei Ihnen früher an Weihnachten?
- Welche Plätzchensorten mögen Sie am liebsten?
- Ist Ihnen beim Kochen, Backen oder Heimwerken schon einmal ein Missgeschick passiert?

Kling, Glöckchen, klingelingeling

Kling, Glöckchen, klingelingeling,
kling, Glöckchen, kling!
Lasst mich ein, ihr Kinder,
ist so kalt der Winter,
öffnet mir die Türen,
lasst mich nicht erfrieren!
Kling, Glöckchen, klingelingeling,
kling, Glöckchen, kling!

Kling, Glöckchen, klingelingeling,
kling, Glöckchen, kling!
Mädchen, hört, und Bübchen,
macht mir auf das Stübchen!
Bring euch viele Gaben,
sollt euch dran erlaben.
Kling, Glöckchen, klingelingeling,
kling, Glöckchen, kling!

Karl Enslin

3. Dezember

Einladung zum Adventskaffee

Bernhard stapft auf dem Weg zur Arbeit durch den Schnee. Immer wieder tritt er gegen einen der Schneeberge, die am Rand des Gehwegs angehäuft sind. In zwei Tagen ist das Treffen bei Tante Gisela. Alljährlich lädt sie zum Adventskaffee ein. Und jedes Jahr kommt dann natürlich die Frage: „Na, Bernhard, hast du denn immer noch keine nette junge Frau kennengelernt?“
Bernhard seufzt und schiebt seine Hände tiefer in die Manteltasche. Er kann die ewige Fragerei einfach nicht mehr hören. Was soll er nur machen? Einfach nicht hingehen? Aber das ist auch keine Lösung. Plötzlich muss er an Waltraud aus der Buchhaltung denken. Sie ist immer so freundlich zu ihm. Vielleicht könnte er sie ja um einen kleinen Gefallen bitten?

In der Pause steht Bernhard unschlüssig vor der Bürotür der Buchhaltung. Er will gerade anklopfen, da wird die Tür von innen aufgerissen. Waltraud kommt mit so schnellen Schritten aus dem Raum, dass sie fast zusammengestoßen wären.
„Huch, willst du zu mir?“, fragt Waltraud erstaunt.
Bernhard nickt. Dann nimmt er all seinen Mut zusammen und zieht Waltraud mit sich in die Ecke des Flurs.
„Ich brauche deine Hilfe“, flüstert er.
Nachdem Bernhard ihr erzählt hat, dass er eine „falsche Freundin“ für den Adventskaffee bei seiner Familie braucht, bricht Waldtraud in schallendes Gelächter aus. Bernhard wird rot. Als Waltraud seine Verlegenheit bemerkt, legt sie ihm beruhigend eine Hand auf den Arm.
„Meine Eltern fragen mich auch ständig, ob ich nicht endlich jemanden zum Heiraten finden würde“, erklärt sie schnell ihre Heiterkeit.

Bernhard atmet erleichtert auf. Er sieht Waldtraud dankbar an, als sie schließlich einwilligt. Dabei fällt ihm zum ersten Mal auf, dass Waltraud zwei wunderschöne Grübchen hat, wenn sie lacht.

Wie verabredet holt Bernhard Waltraud zum Adventskaffee ab. Auf dem Weg unterhalten sich die beiden ausgelassen. Bernhard ist so guter Laune, dass er sich richtig übermütig fühlt. Und deshalb legt er auch wie selbstverständlich seinen Arm um Waltrauds Schultern. Die sieht ihn erstaunt an. Bernhard zieht rasch seinen Arm zurück. Aber Waltraud legt den Arm wieder über ihre Schulter.
„Es soll ja echt aussehen, oder?“, meint sie und zwinkert.
Bernhards Herz setzt einen Schlag aus. Er ist beinahe enttäuscht, als sie schließlich beim Haus von Bernhards Tante ankommen.

Tante Gisela hat die Kaffeetafel schön geschmückt. In der Mitte steht der Adventskranz. Und der Tisch ist mit dem guten Service eingedeckt. Natürlich wird Waltraud sofort nach dem Eintreten von allen ausgiebig gemustert. Und Bernhards Verwandtschaft stellt auch gleich neugierige Fragen. Waltraud lässt alles mit einem charmanten Lächeln über sich ergehen. Nur bei der Frage, wie lange sie denn schon ein Paar sind, geraten beide ins Stottern. Aber glücklicherweise schiebt Tante Gisela das sofort darauf, dass bei Verliebten das Gedächtnis ja nicht so richtig funktioniert. Nach drei Stunden verabschiedet sich Waltraud. Bernhard will sie noch ein Stück begleiten.
„Kommen Sie bald wieder, Fräulein Waltraud“, ruft Tante Gisela ihr hinterher.
„Du hast das großartig gemacht“, flüstert Bernhard Waltraud zu, während er ihr in den Mantel hilft. „Ich bin dir wirklich etwas schuldig.“

Waltraud lächelt und bekommt prompt wieder ihre schönen Grübchen.
„Dann möchte ich nächsten Sonntag wieder zum Adventskaffee eingeladen werden. Aber diesmal vielleicht in ein Kaffeehaus?", antwortet sie keck.
Bernhard merkt, wie ihm heiß wird. „Nichts lieber als das", antwortet er mit belegter Stimme.
Galant bietet Bernhard Waldtraud seinen Arm an, als sie sich auf den Weg machen. Später stapft Bernhard durch den Schnee zurück und hat ein Dauergrinsen auf dem Gesicht.
„Ich glaube, Tantes ewige Frage nach einer Frau an meiner Seite hat Wirkung gezeigt. Da könnte etwas daraus werden", murmelt er. Und kann dann nur noch an Waldtrauds Grübchen denken.

Impulse zur Geschichte:

- Gab es bei Ihnen früher auch Adventskaffee?
- Wie haben Sie im Advent die Kaffeetafel gedeckt?
- Was gab es bei Ihnen bei Kaffeeeinladungen zum Essen?
- Wie war Ihre erste Liebe?
- Wie verlief Ihr erstes Rendezvous?

Verse zum Advent

Noch ist Herbst nicht ganz entflohn,
Aber als Knecht Ruprecht schon
Kommt der Winter hergeschritten,
Und alsbald aus Schnees Mitten
Klingt des Schlittenglöckleins Ton.

Und was jüngst noch, fern und nah,
Bunt auf uns herniedersah,
Weiß sind Türme, Dächer, Zweige,
Und das Jahr geht auf die Neige,
Und das schönste Fest ist da.

Tag du der Geburt des Herrn,
Heute bist du uns noch fern,
Aber Tannen, Engel, Fahnen
Lassen uns den Tag schon ahnen,
Und wir sehen schon den Stern.

Theodor Fontane

4. Dezember

Barbarazweige

„Wo gehst du denn hin, Mutti?“, fragt Rosi.
Gerlinde steht im Flur und schlüpft in ihre Winterstiefel. Neben ihr auf dem Boden liegt die Gartenschere.
„Ich will kurz in den Garten. Dort hole ich Barbarazweige“, erklärt sie ihrer Tochter.
„Wieso braucht Tante Barbara Zweige? Willst du ihr die heute zum Namenstag schenken?“, fragt Rosi verblüfft.
Gerlinde lacht. „Du bist wirklich schlau“, meint sie. „Ja, Tante Barbara hat heute Namenstag, weil heute Barbaratag ist. Das hast du dir gut gemerkt. Aber ich schneide nicht für die Tante Zweige, sondern weil ich sie in die Wohnung stellen will. Und weil heute Barbaratag ist, nennt man die Zweige eben Barbarazweige.“
Gerlinde sieht, wie Rosi einen Finger an ihrer Nase reibt. Das macht sie immer, wenn sie über etwas nachdenkt. So ganz hat das Mädchen es also noch nicht verstanden. Gerade will Gerlinde noch einmal zu einer Erklärung ansetzen. Aber Rosi kommt ihr zuvor.
„Kann ich mitkommen?“, bettelt die Kleine und hat sich auch schon ihre gelbe Pudelmütze über den Kopf gezogen.
Gerlinde nickt.
„Na gut. Aber wickle dir einen Schal um den Hals. Es ist kalt.“

Im Garten bleibt Gerlinde vor dem Kirschbaum stehen. Sie wählt die passenden Zweige aus und setzt die Astschere an. Rosi beobachtet jede ihrer Handbewegungen ganz genau.
„Und die Zweige werden jetzt abgeschnitten, weil sie Namenstag haben?“, erkundigt sich das Mädchen.
Gerlinde muss sich ein Kichern verkneifen. „Nein, die Kirschzweige nehmen wir mit ins Warme. Dort stellen wir sie ins Wasser“, sagt sie und arrangiert die Zweige in ihrer Hand.

Rosi runzelt die Stirn. „Und wenn sie dann im Wasser sind, werden sie verzaubert und heißen nicht mehr Kirsche, sondern Barbara?“, fragt sie.
Gerlinde seufzt und schüttelt lächelnd den Kopf. „Komm mit. Ich erkläre dir alles drinnen noch einmal in Ruhe.“

In der Küche darf Rosi dabei helfen, die Zweige zu sortieren. Gerlinde reicht ihr sogar die Vase.
„Kannst du sie auf den Tisch stellen?“, fragt sie.
Stolz drückt Rosi die Vase an ihren Bauch und balanciert sie durch den Raum.
„Jetzt müssen wir Geduld haben. Aber wenn wir Glück haben, treiben die Zweige aus und blühen dann an Weihnachten“, sagt Gerlinde und hilft ihrer Tochter, die Vase in die Mitte des Tisches zu schieben.

Kurz darauf poltert es im Flur. Kurt hat Feierabend und ist gerade nach Hause gekommen. Gerlinde öffnet die Küchentür.
„Wie war es im Büro?“, will sie von ihrem Mann wissen.
Bevor Kurt antworten kann, drängt sich Rosi an Gerlinde vorbei und zieht ihren Vater in die Küche.
„Schau, Vati! Mutti und ich haben heute Zweige abgeschnitten. Leider bekommt Tante Barbara keine davon. Und die Zweige haben heute gar nicht Namenstag. Obwohl sie auch Barbara heißen. Und an Weihnachten gibt es Kirschkuchen“, plappert sie los.
Kurt wirft Gerlinde einen fragenden Blick zu. Dann kratzt er sich am Kopf. „Sag mal, Rosi, hast du da nicht etwas missverstanden?“, fragt er.
Rosi stemmt ihre kleinen Hände in die Hüften und schüttelt den Kopf.

„Nein, Mutti hat mir alles genau erklärt. Die Zweige stehen hier im Warmen. Und bis Weihnachten sind die Kirschen dann reif", behauptet sie mit fester Stimme.
Kurt ist jetzt restlos verwirrt.
„Was hast du Rosi da bloß erzählt?", will er von seiner Frau wissen.
„Na, ungefähr das, was Rosi dir gerade erklärt hat. Zumindest so ähnlich", sagt Gerlinde.
Dann fängt sie schallend an zu lachen.

Impulse zur Geschichte:

- Wann haben Sie Namenstag?
- Wurden bei Ihnen früher Namenstage gefeiert?
- Haben Sie sich früher auch Barbarazweige in die Wohnung geholt oder machen Sie es immer noch gerne?
- Welche Bräuche rund um Advent und Weihnachten feiern/begehen Sie noch gerne?

Kleiner Adventstipp:

Holen Sie heute selbst ein paar Barbarazweige von einem Kirsch- oder Apfelbaum ins Haus und stellen Sie die Zweige in eine Vase. Bis Weihnachten werden die Barbarazweige aufblühen!

Christkind im Walde

Christkind kam in den Winterwald,
der Schnee war weiß, der Schnee war kalt.
Doch als das heil'ge Kind erschien,
fing's an, im Winterwald zu blühn.

Christkindlein trat zum Apfelbaum,
erweckt ihn aus dem Wintertraum.
„Schenk Äpfel süß, schenk Äpfel zart,
schenk Äpfel mir von aller Art!"

Der Apfelbaum, er rüttelt sich,
der Apfelbaum, er schüttelt sich.
Da regnet's Äpfel ringsumher;
Christkindlein's Taschen wurden schwer.

Die süßen Früchte alle nahm's,
und so zu den Menschen kam's.
Nun, holde Mäulchen, kommt, verzehrt,
was euch Christkindlein hat beschert!

Ernst von Wildenbruch

5. Dezember

Spaziergang im Advent

„Können wir los?“, fragt Ursula.
Sie wartet im Flur auf ihren Mann Gerhard. An ihrem Arm baumelt ein Weidenkorb, bestückt mit allerlei selbst gemachten Leckereien.
Gerhard schlurft missmutig aus dem Wohnzimmer.
„Muss ich wirklich mitkommen? Ich würde jetzt viel lieber den Sportteil in der Zeitung lesen“, brummt er.
Ursula zieht die Augenbrauen hoch.
„Unser Adventsspaziergang hat Tradition. Jetzt komm!“, sagt sie mit fester Stimme, die keinen Widerspruch zulässt.
Während Gerhard sich murrend anzieht, überprüft Ursula alle Dinge in ihrem Korb: Etliche Stücke vom Weihnachtsstollen liegen darin – säuberlich in Butterbrotpapier eingeschlagen. Tassen klappern, als Ursula den Korb schief hält. Sie dreht noch einmal den Verschluss der Thermoskanne fest. Darin hält Ursula den selbst gemachten Punsch warm.

Gerhard und Ursula machen sich auf den Weg. Erst gehen sie durch die Siedlung. Ursula reckt ihren Hals.
„Schau nur, wie schön die Webers ihre Fenster dekoriert haben“, schwärmt sie.
„Fußballergebnisse fände ich jetzt schöner“, murmelt Gerhard. Aber so leise, dass Ursula es nicht hört.
Bei dem kleinen Häuschen auf der rechten Seite bleibt Ursula stehen. Sie winkt dem Schlosser Reimann, der gerade an etwas herumschraubt. Er ist alleinstehend und nichts deutet rund um sein Haus auf Weihnachten hin.
„Herr Reimann, ich habe Ihnen wie jedes Jahr Stollen mitgebracht. Damit es auch bei Ihnen ein bisschen weihnachtet“, sagt Ursula und holt ein Stollenpäckchen heraus.

Herr Reimann kommt strahlend auf Gerhard und Ursula zu.
„Sie sind wirklich jedes Jahr mein ganz persönliches Christkind", sagt er und nimmt das Gebäck dankbar entgegen.

Sie wechseln noch ein paar Worte. Dann setzen Ursula und Gerhard ihren Weg fort. Über einen kleinen Schotterweg gehen sie zum Gehöft der Burgers. Die Familie hat sieben Kinder. Da kommt Frau Burger vor Weihnachten kaum ihrer Arbeit hinterher. Im Hof treffen Ursula und Gerhard die Bäuerin mit ihrer Rasselbande an.
„Wir haben euch Stollen mitgebracht!", kommt Ursula gleich zur Sache.
Jedem Kind drückt sie ein Päckchen in die Hand. Bäuerin Burger wischt sich rasch ihre Hände an ihrem Kittel ab und reicht sie Ursula.
„Ach, da geht der Stern von Bethlehem auf, wenn ihr vor Weihnachten eure Stollen verschenkt", sagt sie gerührt.
Ursula lächelt.
„Habt noch einen schönen Advent", sagt sie und winkt der Bäuerin und den Kindern zu.

Der Weg zur Ortsmitte ist gesäumt von leuchtenden Sternen, die an Laternenpfählen hängen. Ursula hakt sich bei Gerhard unter. Im Gleichschritt schlendern sie zum Marktplatz. Dort steht die Kräuter-Hanni. Sie hat Gestecke aus Tannenzweigen vor sich liegen, die sie verkauft.
„Hanni, willst du dich ein wenig aufwärmen? Wir haben Punsch dabei", sagt Ursula, als sie auf die Frau zusteuern.
Die Kräuter-Hanni lacht.
„Euch schickt der Himmel", sagt sie, während sie ihre Handschuhe auszieht und eine Tasse mit dem heißen Getränk entgegennimmt.

Jetzt machen sich Ursula und Gerhard wieder auf den Heimweg. Gerhard hat seiner Frau einen Arm um die Schultern gelegt und trägt den Korb. Kurz bevor sie in ihrer Straße angekommen sind, fängt er an, ein Weihnachtslied zu summen. Ursula wirft ihm einen amüsierten Blick zu. Vor der Haustür bleibt Ursula stehen.
„Jetzt kannst du deinen Sportteil lesen", sagt sie zu Gerhard, als sie den Haustürschlüssel aus der Manteltasche fischt.
Gerhard zieht seine Frau zu sich.
„Mir ist jetzt gar nicht mehr nach Zeitunglesen. Irgendwie ist mir ganz wunderbar weihnachtlich zumute", flüstert er in ihr Ohr.
Ursula lächelt. Dann verteilt sie den Rest Punsch in zwei Tassen und beide bleiben noch ein wenig vor dem Haus stehen und genießen die wunderbare Weihnachtsstimmung.

Impulse zur Geschichte:

- Hatten Sie früher auch Ihre ganz eigenen Traditionen im Advent?
- Gehen Sie gerne spazieren?
- Wohin führt Ihr Weg, wenn Sie spazieren gehen?
- Wem haben Sie schon einmal eine spontane Freude gemacht?
- Was gehört Ihrer Meinung nach alles in einen richtig guten Weihnachtsstollen?

Advent

Es treibt der Wind im Winterwalde
die Flockenherde wie ein Hirt
und manche Tanne ahnt, wie balde
sie fromm und lichterheilig wird,
und lauscht hinaus: den weißen Wegen
streckt sie die Zweige hin – bereit,
und wehrt dem Wind und wächst entgegen
der einen Nacht der Herrlichkeit.

Rainer Maria Rilke

6. Dezember

Die Nikolausfeier

Heute Abend ist Nikolausfeier beim Fußballverein. Heinrich, Peter und die anderen Spieler der ersten Mannschaft haben schon im Nebenraum des „Goldenen Ochsen" Platz genommen. Auch der Platzwart ist gekommen. Nur Rita, die den Kiosk am Sportplatz betreibt, hat sich entschuldigt. Die Tische sind schön dekoriert mit Tannengrün und Plätzchentellern. Kerzen brennen und sorgen für feierliche Stimmung. Wie jedes Jahr ist der Besuch des Nikolaus der Höhepunkt der Feier. Alle warten schon gespannt darauf, wem der Nikolaus wohl besonders die Leviten liest. Und wie in den Jahren zuvor hat Trainer Pitt nicht verraten, wer im Kostüm des heiligen Nikolaus stecken wird.

„Pitt, gib es zu, diesmal ist der Pastor der Nikolaus", ruft Heinrich in Richtung Trainer.

„Gut, dass du im Fußballspielen besser bist als im Raten", lacht Pitt und wiegt den Kopf geheimnisvoll hin und her.

Kurz darauf pocht es an der Tür.

„Von drauß' vom Walde komm ich her!", tönt eine tiefe, verstellte Stimme durch die geschlossene Tür.

Pitt schreitet feierlich zum Eingang des Nebenraums, um den Nikolaus hereinzulassen.

„Ich wette, es ist der Bürgermeister", raunt Peter seinem Mannschaftskollegen Heinrich zu.

Ein verkleideter Nikolaus mit Mitra betritt den Raum. Er trägt ein weißes Unterkleid und einen roten Rauchmantel. In der rechten Hand trägt er einen goldenen Krummstab und unter dem linken Arm klemmt ein goldenes Buch.

„Das ist nie und nimmer der Bürgermeister", flüstert Heinrich.

Das Gesicht vom Nikolaus ist nicht zu erkennen. Es wird fast ganz von weißen Locken und einem fülligen Bart bedeckt. Der Besucher im Bischofskleid bleibt in der Mitte des Raumes stehen und lässt seinen Blick schweifen.

„Heinrich, komm nach vorne. Dich habe ich ausgewählt. Du sollst meinen Stab halten", fordert der heilige Mann den Burschen auf.

Fast andächtig geht Heinrich nach vorne und nimmt den Stab vom Nikolaus entgegen. Einige Kameraden kichern. Andere rücken mit ihren Stühlen, um besser sehen zu können.

„Dann wollen wir mal sehen, was in meinem goldenen Buche steht", beginnt der Nikolaus.

Er schlägt sein Buch auf und blättert darin herum.

„Peter?", sagt er und sieht fragend in die Runde.

Wie ein Schuljunge hebt Peter die Hand.

Der Nikolaus tritt an den Tisch. Heinrich folgt ihm mit dem Bischofsstab.

„Was muss ich da lesen?", brummt der Nikolaus. „Der Peter war nicht immer im Training. Und er hat sich dafür fadenscheinige Ausreden ausgedacht", poltert der heilige Mann und sieht Peter direkt in die Augen.

Der Angesprochene zieht den Kopf ein.

„So, mein Lieber", fährt der Nikolaus fort.

Dabei beugt er sich weit über den Tisch. Und da passiert es. Der Bart hängt direkt über der Kerze. Die kleine Flamme springt auf die Kunstlocken über. Und plötzlich qualmt es.

„He, Herr Nikolaus, dein Bart brennt!", ruft einer der Spieler aufgeregt.

Der Nikolaus weicht erschrocken zurück. Heinrich lässt den Krummstab fallen und macht einen Satz nach vorne. Er schnappt sich eine Stoffserviette vom Tisch und klopft damit auf den Bart vom Nikolaus. In wenigen Sekunden ist die Flamme erstickt. Trotzdem reißt sich der Nikolaus den Bart vom Gesicht.

„Das ist ja noch mal gut gegangen", ruft Heinrich erleichtert.

Doch dann deutet er erschrocken mit einem Finger auf den Nikolaus ohne Bart. Jetzt ist das Gesicht gut zu erkennen.
„Rita! Was machst du denn hier?", ruft Peter entsetzt.
„Na, ich bin dieses Jahr eurer Nikolaus. Als Pitt mich gefragt hat, habe ich sofort zugesagt. Ich dachte, das ist eine gute Gelegenheit, euch allen mal die Leviten zu lesen", meint Rita, die Kioskfrau, zwinkert und rückt sich die Mitra zurecht.
Dann streift sie sich den leicht verkohlten Bart wieder über und sieht Heinrich streng an.
„Heb mal meinen Krummstab auf, damit wir weitermachen können."
Heinrich gehorcht. Rita ist verschwunden. Vor ihnen steht wieder der Nikolaus.

Impulse zur Geschichte:

- Wann kam bei Ihnen früher der Nikolaus?
- Haben Sie schon einmal den Nikolaus gespielt?
- Was hat bei Ihnen der Nikolaus mitgebracht?
- Waren Sie früher in einem Verein?
- Welche geselligen Runden mögen Sie besonders gerne?

Kleiner Adventstipp:

Geben Sie Nüsse, Mandarinen und Äpfel in ein Säckchen. Lassen Sie jemand anderen ertasten, was im Säckchen alles versteckt ist.

Knecht Ruprecht

Von drauß' vom Walde komm' ich her;
ich muss euch sagen, es weihnachtet sehr!
Allüberall auf den Tannenspitzen
sah ich goldene Lichtlein sitzen;
und droben aus dem Himmelstor
sah mit großen Augen das Christkind hervor.
Und wie ich so strolcht' durch den finstern Tann,
da rief's mich mit heller Stimme an:
„Knecht Ruprecht", rief es, „alter Gesell,
hebe die Beine und spute dich schnell!
Die Kerzen fangen zu brennen an,
das Himmelstor ist aufgetan,
Alt' und Junge sollen nun
von der Jagd des Lebens einmal ruhn;
und morgen flieg' ich hinab zur Erden,
denn es soll wieder Weihnachten werden!"

Theodor Storm

7. Dezember

So etwas verlernt man nicht!

Maria sieht ihren Verlobten Franz bittend an. Sie will ihn unbedingt überreden, zum Skilaufen ins Mittelgebirge zu fahren.
„Na komm. Das wird bestimmt ein Spaß!“, flötet sie.
Franz kann seiner Liebsten eigentlich keinen Wunsch abschlagen. Trotzdem zögert er. „Als ich das letzte Mal auf Skiern stand, war ich noch ein Kind. Das ist Jahre her.“
Maria lächelt Franz an.
„So etwas verlernt man doch nicht!“, ist sie sich sicher.
„Und wenn ich dann an Weihnachten mit gebrochenem Bein im Krankenhaus liege?“, stöhnt er.
Aber Maria lässt nicht locker. Schließlich gibt Franz sich geschlagen. Maria hat auch schon alles vorbereitet. Ihre Skiausrüstung ist schnell ins Auto gepackt. Franz kann sich Keilhose, Skistiefel aus Leder und passende Ski mit Stahlkanten von seinem zukünftigen Schwager leihen. Dann kann es losgehen. Eine Stunde später stehen die beiden mit Anorak und Pudelmütze auf der Piste.
„Wir fangen am besten am Übungshang hier an. Da kann nichts schiefgehen“, meint Maria und grinst verschmitzt.
Franz seufzt. Aber dann folgt er seiner Verlobten bergauf. Im Treppenschritt erklimmen sie den kleinen Berg. Als sie oben angekommen sind, schwitzt Franz aus jeder Pore. Und das liegt nicht nur an dem anstrengenden Aufstieg. Ein Blick nach unten treibt ihm weitere Schweißtropfen auf die Stirn. Am Fuß des Berges ist ein Bauernhof. Der Misthaufen schließt direkt mit der Piste ab.
„Wir fahren einfach sanfte Bögen im Schneepflug“, ermuntert Maria ihren Schatz.
Kaum hat sie es ausgesprochen, fährt sie auch schon los. Viel zu schnell für Franz’ Geschmack! Er dreht seine Skier in Richtung Tal und folgt Maria. Was bleibt ihm auch anderes übrig? Franz ver-

sucht, seine Skispitzen vorne zusammenzubringen. Das ist einfacher gesagt als getan.
„Du musst die Knie nach innen drücken und dein Gewicht verlagern!", ruft Maria ihm über die Schulter zu.
Franz probiert es. Aber er weiß ja nicht einmal, wohin er was verlagern soll. Schon nimmt er immer mehr Fahrt auf. Kurz darauf schießt er an Maria vorbei.
„Bremsen!", ruft sie ihm zu.
„Würde ich ja, wenn ich wüsste, wie!", schreit Franz.
Dann wird er plötzlich von den Beinen gerissen. Jetzt ist Bremsen nicht mehr nötig. Franz liegt am Boden. Halb im Schnee, halb auf dem Misthaufen. Wenig später kommt Maria bei ihm an. Sie streckt Franz eine Hand hin und hilft ihm auf die Beine. Franz sieht genau, dass sie sich ein Lachen kaum verkneifen kann.
„Ich habe schon als Kind nicht gewusst, wie man bremst. Und deshalb habe ich mich schließlich immer fallen lassen", brummt Franz.
Jetzt kann Maria sich nicht mehr zurückhalten.
„Na, siehst du. So etwas verlernt man nicht!", prustet sie los.
Franz verzieht seinen Mund.
„Hauptsache, du hast deinen Spaß", brummt er.
„Mein armer Schatz", meint Maria und versucht, ernst zu bleiben. Aber es gelingt ihr kaum, das Lachen zu unterdrücken. „Jedenfalls ist mir jetzt eines klar: Du bekommst auf keinen Fall eine Skiausrüstung zu Weihnachten!"
Jetzt muss auch Franz grinsen. Gut, dass Maria das erkannt hat.

Impulse zur Geschichte:

- Sind Sie auch schon mal Ski gefahren?
- Können Sie sich noch an Skiausrüstung von früher erinnern?
- Welchen Sport mögen Sie im Winter am liebsten?

8. Dezember

Scherben im Advent

„Winfried, kannst du mir bitte die Kiste mit dem Weihnachtsschmuck aus dem Keller holen?“, ruft Angela.
Heute will sie sich endlich Zeit nehmen, um die Kugeln und Porzellananhänger zu sortieren. Damit für Weihnachten alles in Ordnung ist und der Christbaum schön geschmückt werden kann. Angela hört, wie es poltert. Also hat Winfried sich schon auf den Weg gemacht. Bis ihr Mann mit der großen Kiste aus dem Keller kommt, macht Angela ein wenig Platz. Sie geht in den Flur und rückt die Schuhe unter der Garderobe beiseite. Dort kann Winfried die Kiste erst mal abstellen. Angela hört ein Schnauben. Dann wird die Wohnungstür aufgeschoben. Es sieht aus, als würde sich eine Kiste mit Beinen den Weg in den Flur bahnen.
„Winfried, warte!“, sagt Angela und will gerade ein paar Winterstiefel beiseiteschieben und den Weg freimachen.
Aber zu spät! Winfrieds Füße verheddern sich im rechten Stiefel. Er wankt. Die Kiste in seinen Händen wackelt. Winfried versucht, wieder ins Gleichgewicht zu kommen. Er greift mit einer Hand nach der Wand. Dabei kippt die Kiste vorne über. Sie landet verkehrt herum auf dem Boden. Es klirrt.
„Winfried!“, kreischt Angela.
„Alles in Ordnung. Mir ist nichts passiert“, murmelt Winfried mit dünner Stimme.
Angela stürzt sich auf die Kiste, dreht sie um und öffnet den Deckel. Dann schlägt sie die Hände vors Gesicht.
„Dir nicht. Aber schau nur: Unsere schönen Kugeln und Anhänger. Nur noch Scherben!“
Winfried kniet sich neben seine Frau und greift in die Kiste. Er zieht einen halben Porzellanstern heraus.
„Oje. Kaputt“, stellt er fest.

„Und was sollen wir jetzt an Weihnachten an den Baum hängen? Scherben?“, schnieft Angela und lässt den Kopf hängen.
Winfried zuckt mit den Schultern.
„Wir müssen eben neuen Schmuck kaufen“, meint er und wirft seiner Frau einen vorsichtigen Blick zu.
Angela sieht Winfried mit weit aufgerissenen Augen an.
„Kaufen? So einen Weihnachtsschmuck kann man nicht einfach kaufen. Da sind Erbstücke von meiner Großmutter dabei. Und feines Porzellan aus meiner Aussteuer.“
Angela laufen Tränen über die Wangen. Beruhigend streicht Winfried seiner Frau über den Arm.
„Nicht weinen. Ich lasse mir etwas einfallen“, verspricht er.

In den kommenden Wochen ist Winfried ständig im Keller. Er hat zu tun. Angela fragt zwar, was er denn nach Feierabend immer dort unten macht. Aber sie bekommt nur ein vielsagendes Lächeln zur Antwort. Am Morgen vor Heiligabend dann verschwindet Winfried ein letztes Mal im Keller. Kurz darauf kommt er mit der Weihnachtsschmuckkiste wieder und stellt sie auf den Küchentisch.
„Was willst du denn mit den Scherben?“, fragt Angela nach.
Winfried grinst.
„Ich habe doch gesagt, ich werde mir etwas überlegen. Und das habe ich. In der Kiste sind keine Scherben.“
Winfried öffnet den Deckel und tritt einen Schritt beiseite. Zögernd beugt Angela sich über die Kiste. Sie greift mit einer Hand hinein und holt eine weiße Glaskugel heraus.
„Aber …“, murmelt sie.
Angela hat es die Sprache verschlagen. Die Kugel ist nicht ganz ebenmäßig, sondern mit feinen goldenen Linien durchzogen. Angela fährt mit einem Finger darüber.

„Ich habe mal in der Zeitung gelesen, dass in Japan Zerbrochenes mit goldenen Fugen repariert wird. War gar nicht so einfach, bis ich das hinbekommen habe. Aber das meiste konnte ich so retten", sagt Winfried und klingt stolz.
Angela legt vorsichtig die zusammengeklebte Kugel auf den Tisch. Dann nimmt sie goldgeäderte Anhänger und andere Kugeln heraus und staunt.
„Wunderschön. Beinahe noch schöner als vorher", flüstert sie.
„Jetzt können wir also unseren Baum schmücken", meint Winfried zufrieden.
„Moment", meint Angela.
Dann nimmt sie ihren Mann fest in den Arm und drückt ihm einen Kuss auf den Mund.

Impulse zur Geschichte:

- Womit haben Sie früher Ihren Weihnachtsbaum geschmückt?
- Woher hatten Sie Ihre Kugeln und Anhänger für den Weihnachtsbaum?
- Welche Kugelfarbe mögen Sie am liebsten?
- Ist Ihnen schon einmal etwas zu Bruch gegangen?
- Was haben Sie schon einmal repariert?

Die heilige Nacht

Gesegnet sei die heilige Nacht,
die uns das Licht der Welt gebracht!
Wohl unterm lieben Himmelszelt
die Hirten lagen auf dem Feld.
Ein Engel Gottes, licht und klar,
mit seinem Gruß tritt auf sie dar.
Vor Angst sie decken ihr Angesicht,
da spricht der Engel: „Fürcht't euch nicht!
Ich verkünd euch große Freud:
Der Heiland ist geboren heut."
Da gehn die Hirten hin in Eil,
zu schaun mit Augen das ewig Heil;
zu singen dem süßen Gast Willkomm,
zu bringen ihm ein Lämmlein fromm.
Bald kommen auch gezogen fern
die heilgen drei König' mit ihrem Stern.
Sie knieen vor dem Kindlein hold,
schenken ihm Myrrhen, Weihrauch, Gold.
Vom Himmel hoch der Engel Heer
frohlocket: „Gott in der Höh sei Ehr!"

Eduard Mörike

9. Dezember

Die Winterhochzeit

Eine Hochzeit im Advent – das ist es, was sich Norberts Verlobte Hermine schon immer gewünscht hat. Damit sie Weihnachten als Ehepaar feiern können. Gemeinsam haben sie alles organisiert. Die Kirche neben Norberts Elternhaus ist mit Tannengestecken und Strohsternen geschmückt.

„Das ist feierlich und passt trotzdem zum Advent", war Hermine sich sicher.

Weil Hermine im Nachbarort wohnt, hat Norbert seinen Vetter Karl gebeten, sie mit seinem Käfer abzuholen. Norbert selbst hat kein Auto. Und auch sonst niemand in der Familie. Und die Braut kann schließlich nicht zu Fuß zur Kirche laufen!

Jetzt wartet Norbert in der Kirche auf seine zukünftige Frau. In Kürze soll die Trauung beginnen. Der Pastor wirft einen Blick aus der Sakristei. Norbert steht in feinem Zwirn im Mittelgang.

„Sie kommt bestimmt gleich", meint Norberts Mutter und richtet ihrem Sohn die Krawatte. Punkt 11 Uhr fangen die Glocken an zu läuten. Norbert fixiert das Kirchenportal. Gleich wird sich die schwere Holztür öffnen und Karl wird seine Braut hereinführen. Doch die Tür bleibt zu. Norbert tritt nervös von einem Bein auf das andere. Aus den Augenwinkeln sieht er, wie seine Mutter am Tannengesteck an der Kirchenbank herumzupft.

„Ich hoffe, deine Verlobte hat keinen Rückzieher gemacht", zischt der Pastor, der nun an den Altar getreten ist.

Das hofft Norbert auch. Mittlerweile ist es Viertel nach elf. Norbert spitzt die Ohren. Hat er da nicht ein Auto gehört? Nein, das war wohl nur der Trecker von Bauer Friedrich.

Die Hochzeitsgesellschaft wird langsam unruhig. Füße scharren auf dem Boden. Mäntel rascheln.

„Das wird wohl nichts mehr“, sagt der Pastor. „Ich geh jetzt ins Pfarrhaus. Da wartet genug Arbeit auf mich.“
„Aber Sie können doch nicht …“, stammelt Norbert entsetzt.
Da wird die Kirchentür aufgerissen. Vetter Karl stolpert über die Schwelle. Er ist allein. Von Braut Hermine keine Spur. Karl stürzt den Mittelgang nach vorne zu Norbert.
„Wir sind in einer Schneewehe stecken geblieben“, presst er atemlos hervor. „Hermine wartet im Auto. Ich brauche jemanden, der meinen Käfer rauszieht.“
Norberts Mutter stößt einen spitzen Schrei aus. Der Bräutigam schlägt sich mit einer Hand an die Stirn.
„Das darf jetzt nicht wahr sein“, murmelt er und lässt die Schultern hängen.
„Eine Hochzeit im Advent. Das kann ja nicht gut gehen“, zetert Norberts Mutter hinter ihm.
Da gibt Norbert sich einen Ruck.
„Los, komm!“, ruft er seinem Vetter zu und eilt aus der Kirche.
Draußen sieht sich Norbert hektisch um. Da! Bauer Friedrichs Trecker steht auf dem Bauernhof neben dem Kirchplatz. Der Bauer macht sich gerade an einem Anhänger zu schaffen. Norbert rennt los. Es dauert keine Minute, da ist Bauer Friedrich auch schon über die missliche Lage informiert. Und er zögert keinen Augenblick.
„Steig auf“, sagt er zu Norberts Vetter und schwingt sich auf den Traktor.
Norbert sieht den beiden hinterher, als sie vom Hof tuckern.
Hinter Norbert haben sich die Hochzeitsgäste neugierig auf dem Platz vor der Kirche versammelt.
„Was ist denn jetzt mit Hermine?“, fragt Norberts Mutter besorgt.
„Warte ab. Gleich wird sie da sein“, sagt Norbert zuversichtlich.

Und tatsächlich: Eine halbe Stunde später fährt Vetter Karls Käfer vor. Die Stoßstange des Autos ist ein wenig eingedrückt. Aber dafür hat Norbert keine Augen. Er eilt zur Beifahrerseite, kaum dass der Käfer zum Stehen kommt.

„Da bist du ja! Es wäre ja noch schöner, wenn du mich einfach so vor dem Altar stehen lassen würdest!", lacht Norbert, als er Hermine aus dem Auto hilft.

„Ich hol den Pastor!", ruft Karl.

Die Hochzeitsgäste gehen flüsternd und gackernd zurück in die Kirche. Der Pastor kommt wenig später dazu. Die Trauung kann beginnen.

„Unsere Hochzeit im Advent werden wir sicher nie vergessen!", flüstert Norbert seiner Braut ins Ohr, als sie endlich gemeinsam vor dem Altar stehen.

Hermine drückt seinen Arm und schenkt ihm ein glückliches Lächeln.

Impulse zur Geschichte:

- An welche Hochzeit erinnern Sie sich noch?
- Zu welcher Jahreszeit haben Sie schon Hochzeiten besucht?
- Können Sie sich noch an Ihre eigene Hochzeit erinnern?
  Was war das Schönste daran?
- Waren Sie auch einmal in einer solchen verzwickten Lage?
  Wie sind Sie da wieder rausgekommen?

Tipp:

Blättern Sie in einem alten Fotoalbum und schauen Sie, ob Sie Fotos von Hochzeiten finden, auf denen Sie eingeladen waren.

Macht hoch die Tür

Macht hoch die Tür, die Tor macht weit,
es kommt der Herr der Herrlichkeit,
ein König aller Königreich;
ein Heiland aller Welt zugleich,
der Heil und Segen mit sich bringt;
derhalben jauchzt, mit Freuden singt:
Gelobet sei mein Gott,
mein Schöpfer reich von Rat.

Er ist gerecht, ein Helfer wert,
Sanftmütigkeit ist sein Gefährt,
sein Königskron ist Heiligkeit,
sein Zepter ist Barmherzigkeit;
all uns're Not zum End' er bringt,
derhalben jauchzt, mit Freuden singt:
Gelobet sei mein Gott,
mein Heiland groß von Tat.

Georg Weissel

10. Dezember

Adventslichter

Inge steht am Küchenfenster. Von hier sieht sie über den ganzen Hinterhof. Während Inge den Eintopf umrührt, der auf dem Herd köchelt, betrachtet sie die erleuchteten Fenster in der Nachbarschaft. Die Thiemanns haben Strohsterne an die Fensterscheiben geklebt. Und bei den Webers sieht man, dass eine Kerze auf dem Adventskranz flackert, der am Fensterbrett steht.
„Nanu, was ist denn da los?“, murmelt Inge und legt den Kochlöffel beiseite. Sie beugt den Oberkörper weit nach vorne, um aus dem Fenster sehen zu können. Beinahe berührt ihre Nasenspitze das Glas. Im Haus gegenüber huscht das Licht einer Taschenlampe durch den dunklen Raum.
„Das ist doch die Wohnung von Heidi!“, schnauft Inge und kneift die Augen zusammen, um besser sehen zu können.
„Harald, komm mal. Ich glaube, bei Heidi versucht jemand einzubrechen!“, ruft sie dann über ihre Schulter.

Kurz darauf steht Inges Mann Harald neben ihr.
„Das sieht wirklich verdächtig aus“, pflichtet er seiner Frau bei.
„Ich geh mal und sehe nach dem Rechten.“
Inge ist nicht wohl bei der Sache.
„Sollen wir nicht lieber die Polizei rufen?“, schlägt sie mit zitternder Stimme vor.
Aber Harald ist schon verschwunden. Inge stützt beide Hände aufs Fensterbrett und linst angestrengt nach draußen. Sie sieht, wie sich eine dunkle Gestalt der Haustür gegenüber nähert. Inge zuckt zusammen. Aber dann erkennt sie Harald. Er klingelt. Dann legt er die Hände an den Mund, als würde er etwas rufen. Ein Fenster im zweiten Stock wird geöffnet. Heidi beugt sich nach draußen und gestikuliert mit den Händen. Kurz darauf dreht sich Harald um und sieht

zu Inge hoch. Er winkt ihr zu. Es dauert ein paar Augenblicke, bis Inge versteht, dass sie das Fenster öffnen soll. Kalte Winterluft weht Inge ins Gesicht, als sie das Fenster aufmacht.
„Heidi hat einen Stromausfall. Sie hat gekocht. Dann wurde plötzlich alles dunkel. Kannst du Kerzen bringen?", ruft Harald.

Erleichtert atmet Inge auf. Kein Einbruch, sondern nur ein Stromausfall. Inge holt schnell die Packung Kerzen aus der Schublade der Anrichte. Dann hat sie eine Idee. Sie holt einen Korb und stellt den Topf mit dem fertigen Essen hinein. Mit gepacktem Korb eilt sie ins Nachbarhaus. Die Haustür ist nicht abgesperrt und lässt sich einfach aufdrücken. Harald ist wohl schon in Heidis Wohnung. Als Inge im zweiten Stock ankommt, hört sie mehrere Stimmen. Inge klopft kurz an die angelehnte Wohnungstür und tritt ein.

In Heidis Flur steht Harald. Neben ihm ist Theo von nebenan. Der Sicherungskasten ist offen. Die beiden Männer beugen sich vor, leuchten mit der Taschenlampe und inspizieren die runden Knöpfe aus Porzellan.
„Inge, du bist auch da!", ruft Heidi, die aus der Küche kommt.
„Während die Männer sich um den Strom kümmern, sorgen wir jetzt erst mal für Licht", schlägt Inge vor.
Ruckzuck haben die beiden Frauen in der ganzen Wohnung Kerzen verteilt und angezündet.
„Lauter Adventslichter", lacht Heidi.
Inge holt den Topf aus ihrem Korb und reicht ihn Heidi.
„Du warst ja gerade beim Kochen. Und ohne Strom konntest du bestimmt nicht weitermachen. Deshalb dachte ich, ich bring unseren Eintopf mit. Der ist noch warm."
Heidi lächelt gerührt. Schnell verteilt sie Teller und Besteck auf dem Esstisch.

„Harald, Theo, habt ihr Hunger?“, ruft Inge in den Flur.
Bevor sie noch eine Antwort bekommt, fängt die Lampe über dem Tisch an zu leuchten.
„Der Strom ist wieder da!“, ruft Harald.
Stolz betreten die beiden Heimwerker die Küche.
„Beinahe schade“, flüstert Heidi und will die Kerzen auf dem Tisch auspusten.
„Lass doch. Wir machen jetzt wieder das Licht aus und essen bei Kerzenlicht. Das passt doch ohnehin besser zum Advent“, schlägt Inge vor.
Heidi nickt und knippst die Küchenlampe aus.
Dann setzen sich alle an den Tisch und freuen sich über das überraschende Adventsessen.

Impulse zur Geschichte:

- An welchen Orten stellen Sie im Advent gerne Kerzen auf?
- Hatten Sie schon einmal einen Stromausfall?
- Haben Sie in Ihrer Wohnung Dinge selbst repariert?
- Hatten Sie früher einen Kerzenvorrat für Notfälle?
- Wobei haben Sie sich in der Nachbarschaft früher gegenseitig ausgeholfen?

Kleiner Adventstipp:

Zünden Sie eine Kerze an und nehmen Sie sich Zeit, das Flackern der Flamme zu betrachten.

Advent

Advent, Advent,
ein Lichtlein brennt.
Erst eins, dann zwei,
dann drei, dann vier,
dann steht das Christkind vor der Tür.

Volksgut

11. Dezember

Die Abkürzung

„Beate, heute Nachmittag ist eine Adventsandacht. Wollen wir da hingehen?“, fragt Heinz nach dem Mittagessen.
„Ah, davon hat die Verkäuferin gestern beim Bäcker erzählt. Die Andacht ist oben auf dem Kapellenberg“, murmelt Beate und räumt die Teller ab.
„Wir könnten das mit einer kleinen Winterwanderung verbinden“, schlägt Heinz vor.
Beate ist skeptisch. „Du willst zu Fuß hoch auf den Kapellenberg? Da sind wir ja über eine Stunde unterwegs.“
„Ach was, ich kenne eine Abkürzung“, lacht Heinz und zwinkert seiner Frau zu.

Dick eingepackt machen Beate und Heinz sich auf den Weg. Als sie losgehen, fängt es zu schneien an. Heinz gibt mit strammen Schritten die Richtung vor. Hinter dem Schlosspark verlassen sie auf einer schmalen Straße die Stadt.
„Dort vorne müssen wir links“, sagt Heinz.
Beate kostet es Mühe, mit ihrem Mann Schritt zu halten. Einige hundert Meter folgen sie einem Feldweg, der steil bergauf führt. Trotz der Kälte fängt Beate an zu schwitzen. Sie lockert ihren Schal und wischt sich mit dem Handrücken über die Stirn.
„Wie lange dauert es denn noch? Ich dachte, wenn wir deine Abkürzung nehmen, wären wir schneller“, stöhnt Beate.
„Jetzt hab doch ein bisschen Geduld“, brummt Heinz.
Er bleibt einen Augenblick stehen und sieht nach rechts und nach links. Mittlerweile sind die Flocken dichter geworden. Auf dem Weg liegen schon zwei Zentimeter Schnee.
„Wir sollten uns beeilen. Sonst fängt die Adventsandacht an, bevor wir angekommen sind“, meint Beate.

Aber Heinz lässt sich nicht aus der Ruhe bringen.
„Da, siehst du das Wegkreuz? Dort müssen wir rechts“, sagt Heinz, während er mit dem ausgestreckten Arm in die Richtung deutet.

Beate seufzt. Heinz ist schon einige Meter vor ihr. Mit schnellen Schritten schließt sie zu ihm auf. Eine gefühlte Ewigkeit gehen sie schweigend weiter. Heinz biegt mal nach rechts, mal nach links ab. Beate folgt ihm kommentarlos. Plötzlich entdeckt sie etwas auf dem Boden.
„Schau mal! Die Spuren da im Schnee. Das sind doch unsere Schuhabdrücke!“, stellt Beate fest.
„So ein Blödsinn“, murmelt Heinz.
Beate stapft mit ihrem Fuß direkt neben einen der Abdrücke im Schnee. Dann tritt sie einen Schritt zurück.
„Doch. Der Abdruck ist eindeutig von meinen Winterstiefeln. Und die Abdrücke daneben sind von deinen“, sagt Beate. „Heinz, wir sind im Kreis gelaufen!“
Gerade will Heinz widersprechen, da klingt ein feiner Glockenton von weit her an sein Ohr. Er lauscht. Auch Beate hat den Kopf schief gelegt.
„Das kommt von dort“, meint sie und zeigt auf eine Anhöhe.
Heinz tritt einen Schritt zurück und legt den Kopf in den Nacken. Es dämmert bereits. Aber dennoch ist auf dem Hügel deutlich eine kleine Kapelle zu erkennen.
„Ich glaube, dort hätten wir hingemusst“, meint Beate und klingt genervt.
Der Winterwind trägt leisen Gesang zu ihnen herüber.
„Es kommt ein Schiff, geladen“, kann Beate verstehen, wenn sie genau hinhört.
„Na toll, die Adventsandacht haben wir wohl endgültig verpasst“, sagt sie und sieht Heinz enttäuscht an.

Heinz tritt neben sie und hakt sich bei ihr unter.
„Wir bleiben einfach hier und machen unsere eigene Andacht", schlägt er vor.
Dann beginnt er, das Lied mitzusingen. Nach kurzem Zögern stimmt Beate mit ein.

„Komm, wir gehen wieder nach Hause", meint Beate, nachdem das Lied verklungen ist. „Dort zünde ich eine Kerze am Adventskranz an. Dann gibt es Tee und Plätzchen."
„Eine gute Idee", freut sich Heinz.
Beate hebt ihren Zeigefinger.
„Aber nur unter einer Bedingung: Wir gehen so zurück, wie ich es sage, und nehmen auf keinen Fall eine deiner Abkürzungen", sagt sie.
Heinz macht einen zerknirschten Gesichtsausdruck. Aber als Beate zu kichern anfängt, lacht er mit.

Impulse zur Geschichte:

- Haben Sie sich schon einmal verlaufen?
- Sind Sie gerne zu Fuß unterwegs?
- Waren Sie schon einmal bei einer Andacht oder Messe an einem besonderen Ort?
- Gab es früher in Ihrer Umgebung auch Berg- oder Feldandachten?

Es kommt ein Schiff, geladen

Es kommt ein Schiff, geladen
bis an sein' höchsten Bord,
trägt Gottes Sohn voll Gnaden,
des Vaters ewig's Wort.

Das Schiff geht still im Triebe,
es trägt ein' teure Last;
das Segel ist die Liebe,
der Heilig Geist der Mast.

Der Anker haft' auf Erden,
da ist das Schiff am Land.
Das Wort will Fleisch uns werden,
der Sohn ist uns gesandt.

Zu Bethlehem geboren
im Stall ein Kindelein,
gibt sich für uns verloren;
gelobet muss es sein.

Volksweise

12. Dezember

Gute Taten im Advent

„Tante Annemarie, können wir jetzt endlich zur Krippe gehen?", fragt Ulrich so laut, dass es durch die ganze Kirche hallt. Der vierjährige Blondschopf zupft am Mantelärmel seiner Tante.
„Pst! Erst, wenn der Gottesdienst zu Ende ist", flüstert Annemarie ihrem Neffen ins Ohr.
Heute, an Mariä Empfängnis, hat Annemarie ihn mit in die Messe genommen. Bislang saß er ganz ruhig neben ihr. Aber jetzt rutscht er ungeduldig auf der Kirchenbank hin und her. Endlich stimmt der Organist das Schlusslied auf der Orgel an. Als das Lied verklungen ist, nimmt Annemarie ihren Neffen an der Hand. Gemeinsam gehen sie zum Seitenschiff der Kirche. Dort ist eine Krippe mit lebensgroßen Figuren aufgebaut.
„Aber das Christuskind fehlt ja!", ruft Ulrich erschrocken, als er endlich einen Blick auf die wunderschöne Szene werfen kann.
Er deutet mit dem Finger auf die leere Holzkrippe. Annemarie streicht ihrem Neffen über den Kopf.
„Ja, das Christkind wird erst an Heiligabend in die Krippe gelegt. Weil es da erst geboren ist", erklärt Annemarie geduldig.
„Schau nur, da steht ein Esel. Und ein Schaf", staunt Ulrich.
Annemarie schmunzelt.
Beide sind so vertieft in die Betrachtung der Krippe, dass sie gar nicht merken, wie sich der Mesner neben sie stellt.
„Gefällt dir unsere Krippe?", fragt er mit tiefer Stimme.
Annemarie und Ulrich fahren herum.
„Oh, ich wollte euch nicht erschrecken", sagt der Mesner mit einem Lächeln und geht vor Ulrich in die Hocke.
„Siehst du den Korb mit dem Stroh neben der Krippe?", fragt er den Jungen.
Ulrich macht einen Schritt auf die Krippenfiguren zu.

„Den hier?“, fragt er und greift mit beiden Händen ins Stroh.
Der Mesner nickt.
„Bei uns in der Kirche ist es Brauch, dass wir im Advent die Krippe für das Christuskind nach und nach mit Stroh füllen. Damit es bei seiner Geburt an Weihnachten weich liegt. Willst du mithelfen?“, fragt der Mesner.
Ulrich wirft seiner Tante einen fragenden Blick zu.
„Darf ich?“, erkundigt er sich.
„Aber natürlich“, lacht Annemarie.
Der Mesner zwinkert Annemarie zu, dann wendet er sich wieder an Ulrich.
„Immer wenn du zu uns in die Kirche kommst, darfst du bis Weihnachten einen Strohhalm für jede gute Tat aus dem Korb nehmen und in die Krippe legen“, erklärt er dem Jungen.
Ulrich überlegt angestrengt und kratzt sich dabei am Kopf.
„Ist dir eine gute Tat eingefallen?“, fragt der Mesner nach.
Ulrich nickt. Mit ausgestreckten Armen greift der Junge in den Korb mit Stroh, holt eine ganze Ladung Halme heraus und lässt sie in die fast leere Holzkrippe fallen.
„Halt!“, ruft Annemarie erschrocken. „Was machst du denn da? Du sollst doch nur einen Halm in die Krippe legen.“
Ulrich stellt sich breitbeinig neben seiner Tante auf und stemmt die Arme in die Seiten.
„Wieso nur einen Halm? Der Mann hat doch gesagt, für JEDE gute Tat einen Halm. Und ich habe heute schon ganz viel Gutes gemacht“, behauptet er und reckt sein Kinn nach vorne.
„Ah, und was?“, will nun der Mesner wissen.
„Ich habe Tante Annemarie in die Kirche begleitet. Und ich war fast die ganze Zeit still. Und ich habe während der Messe nicht ein einziges Mal in der Nase gebohrt. Und ich musste zwischendurch gar

nicht aufs Klo. Und …", fängt Ulrich an, seine guten Taten aufzuzählen.
„Halt, halt, du kleiner Gauner", unterbricht Annemarie ihren Neffen.
Sie nimmt eine Handvoll Stroh aus der Krippe und legt sie in den Korb zurück.
„Einigen wir uns auf die Hälfte der Strohhalme, in Ordnung?", schlägt sie vor.
Ulrich überlegt kurz. Dann zuckt er mit den Schultern.
„Na gut. Aber nur, wenn wir morgen noch mal vorbeikommen. Bis dahin habe ich nämlich bestimmt wieder viele gute Taten gemacht. Schließlich muss das Jesuskind es Weihnachten doch weich und gemütlich haben, oder?", meint der Junge.
Der Mesner lacht. „Wo er recht hat, hat er recht", pflichtet er Ulrich bei.

Impulse zur Geschichte:

- An welche besonders schöne Weihnachtskrippe erinnern Sie sich?
- Kennen Sie den Brauch des Krippefüllens?
- Waren Sie als Kind in der Kirche früher immer leise und artig?
- An welche guten Taten im Advent, die Sie selbst oder andere getan haben, denken Sie besonders gern zurück?

Vom Himmel hoch

Vom Himmel hoch, da komm ich her.
Ich bring' euch gute neue Mär,
der guten Mär bring ich so viel,
davon ich sing'n und sagen will.

Euch ist ein Kindlein heut geborn
von einer Jungfrau auserkorn,
ein Kindelein so zart und fein,
das soll eu'r Freud und Wonne sein.

Es ist der Herr Christ, unser Gott,
der will euch führn aus aller Not,
er will eu'r Heiland selber sein,
von allen Sünden machen rein.

Martin Luther

13. Dezember

Das perfekte Geschenk

Helmut und Gerda wollen zur Weihnachtsfeier des Kleingartenvereins.
„Soll ich das rote oder das geblümte Schultertuch nehmen?“, fragt Gerda und dreht sich vor Helmut im Kreis.
„Ist doch egal. Die sind beide schön“, brummt ihr Mann, ohne sie anzusehen.
„Du hast wirklich keinen Sinn für schöne Kleidung!“, schimpft Gerda.
Das will Helmut nicht auf sich sitzen lassen. „Ich habe selbstverständlich einen guten Geschmack“, verteidigt er sich.
Gerda schüttelt nur missbilligend den Kopf und nimmt das rote Schultertuch.
„Ich werde dir schon beweisen, dass ich etwas von Mode verstehe“, murmelt Helmut.

Am nächsten Tag muss Helmut wieder an Gerdas Worte denken. Ihm fällt ein, dass er noch kein Weihnachtsgeschenk für sie hat.
„Ich kaufe Gerda das allerschönste Schultertuch“, beschließt er deshalb kurzerhand.
Nach der Arbeit macht er daher einen Abstecher ins Modehaus Richter. In der Damenabteilung findet er auch gleich ein ganzes Regal voller Tücher. Glänzende und weiche, rote, grüne, gelbe und gemusterte. Helmut ist wie erschlagen von der großen Auswahl. Welches davon würde Gerda wohl gefallen? Das mit den Blumen vielleicht? Aber so eines hat sie ja schon. Ob Helmut einfach mehrere kaufen soll? Doch die Idee lässt er schnell wieder fallen, als sein Blick auf eines der Preisschilder fällt.
„Die nehmen es ja von den Lebenden!“, grummelt Helmut.
Plötzlich tippt ihm jemand auf die Schulter. Helmut fährt herum. Hinter ihm steht Gerdas Schwester Renate.

„Hast du dich verlaufen? Die Herrenabteilung ist im zweiten Stock“, lacht sie zur Begrüßung.
„Dich schickt der Himmel! Du musst mir helfen. Ich brauche ein Tuch für Gerda“, ruft Helmut halb verzweifelt, halb begeistert darüber, dass Renate vor ihm steht.
Renate lacht. Sie hilft ihm natürlich gerne. Außerdem ist sie auch ein wenig geschmeichelt, dass Helmut auf ihren Geschmack vertraut. Nachdem die Wahl auf ein grünes Schultertuch aus Seide gefallen ist, beschwört Helmut seine Schwägerin: „Das muss aber unter uns blieben.“
Renate legt einen Finger auf ihre Lippen und zwinkert ihm zu.
An Heiligabend überreicht Helmut seiner Frau stolz ein Päckchen. Gerda holt das Tuch aus dem Paket und staunt.
„Das passt ja perfekt zu meiner Winterjacke. Woher wusstest du das?“, fragt sie gerührt.
„Ich habe doch gesagt, dass ich etwas von Mode verstehe“, sagt Helmut und versucht, überzeugend zu klingen.
„Du? Das hast du doch nicht alleine ausgesucht“, meint Gerda skeptisch.
„Na ja“, murmelt Helmut, „ich hatte schon ein wenig Unterstützung …“
„Wusste ich es doch!“, ruft Gerda.
„… vom Christkind“, ergänzt Helmut lachend.
„Wer's glaubt!“, lacht Gerda mit. Aber dann fragt sie nicht weiter nach, sondern legt sich glücklich strahlend das neue Tuch um die Schultern.

Impulse zur Geschichte:

- Was war die schönste Überraschung, die Sie zu Weihnachten bekommen haben?
- Was haben Sie früher gerne zu Weihnachten verschenkt?
- Welches Kleidungsstück tragen Sie am liebsten?

14. Dezember

Weihnachtspost für Onkel Walter

Johanna holt ein Blech Zimtsterne aus dem Ofen. Neben ihr sitzt Florian am Esstisch und macht Hausaufgaben.
„Fertig!", ruft der Junge und klappt sein Rechenbuch zu. „Kann ich jetzt zum Eisweiher gehen?"
Johanna lächelt ihren Sohn an.
„Nachher. Erst schreibst du noch den Weihnachtsbrief an Onkel Walter", meint sie und holt einen Bogen Briefpapier aus der Kommode.
„Warum? Ich will aber nicht", mault Florian.
„Onkel Walter freut sich doch immer so, wenn er Post von dir bekommt. Und gerade an Weihnachten gehört es sich, dass du deinem Großonkel eine kleine Freude machst", ermuntert Johanna ihren Sohn.
Florian verzieht den Mund.
„Na komm schon. Man muss das Eisen schmieden, solange es heiß ist, würde Onkel Walter sagen", Johanna lächelt und reicht Florian den Briefbogen.
„Genau! Onkel Walter ist ein Sprücheklopfer", murmelt Florian und schiebt das Papier auf dem Tisch lustlos hin und her.
„Florian! Sprich nicht so über deinen Großonkel. Er war immerhin Oberstudienrat. Jetzt ist er pensioniert und gibt seine Weisheiten eben gerne weiter", ermahnt Johanna ihren Sohn.
„Und was soll ich schreiben?", brummt Florian.
Er macht einen Schmollmund und holt seinen Füllfederhalter aus dem Mäppchen.
„Am besten etwas, was ihm gefällt. Erzähle ihm doch, was du im Advent so alles machst", schlägt Johanna vor.

Dann wendet sie sich wieder den Zimtsternen zu. Florian kaut auf seinem Stift herum. Plötzlich hat er eine Idee. Eifrig beginnt er zu schreiben:

Lieber Onkel Walter,
Mama und ich haben das ganze Haus weihnachtlich geschmückt. Ich habe dafür extra ein paar Sterne aus Goldpapier gebastelt. Aber du weißt ja: Es ist nicht alles Gold, was glänzt. Gestern haben Papa und ich ein Vogelhäuschen aus Holz gebaut und im Garten aufgestellt. Wie du dir denken kannst: Wo gehobelt wird, da fallen Späne. Deshalb sah es nach dem Werkeln in der Werkstatt ziemlich unordentlich aus. Aber Papa und ich haben danach alle Holzspäne aufgekehrt. Jetzt freuen sich die Vögel, dass sie bei uns im Garten Futter finden. Ich beobachte die Meisen und Spatzen gerne durch das Küchenfenster. Aber gefangen habe ich noch keinen der Vögel. Obwohl es doch heißt: Lieber einen Spatz in der Hand als eine Taube auf dem Dach. Bald ist der dritte Advent. Man sagt ja: Aller guten Dinge sind drei. Aber das stimmt an Weihnachten nicht, denn das Christkind kommt erst, wenn die vierte Kerze brennt. Manchmal darf ich die Kerzen auf dem Adventskranz anzünden. Ich kann schon richtig gut mit Streichhölzern umgehen. Und ich habe mich noch kein einziges Mal verbrannt. Sonst würde ich wahrscheinlich das Anzünden lieber Papa überlassen. Denn ein gebranntes Kind scheut ja das Feuer. Ich muss jetzt Schluss machen. Ich will nämlich zu meinen Freunden an den Eisweiher. Dort wollen wir Schlittschuh laufen. Und einen Schneemann bauen. Hoffentlich wird der heute noch fertig. Denn was du heute kannst besorgen, das verschiebe nicht auf morgen.
Ich wünsche dir schöne Weihnachten.
Dein Florian

„Kann ich jetzt raus?“, fragt Florian und legt den Füller beiseite. Johanna macht große Augen.
„Du bist schon fertig?“, staunt sie.
Sie legt den letzten Zimtstern in die Plätzchendose und wischt sich ihre Hände am Geschirrtuch ab.
„Zeig mal“, fordert sie ihren Sohn auf und setzt sich zu ihm an den Esstisch.
Florian reicht ihr den Brief und Johanna beginnt zu lesen. Dann schüttelt sie den Kopf.
„Na, ich weiß nicht. So viele Sprichwörter wären aber nicht nötig gewesen.“
Florian zuckt mit den Schultern.
„Tja, allen Leuten recht getan, ist eine Kunst, die niemand kann“, meint er.
Dann stibitzt er sich einen Zimtstern aus der Dose und verschwindet nach draußen.

Impulse zur Geschichte:

- Schreiben Sie auch Weihnachtspost?
- Welche Sprichwörter kamen in der Geschichte vor?
- Welche Sprichwörter kennen Sie sonst noch?
- Mögen Sie Zimtsterne?
- Welche Plätzchen mögen Sie am liebsten?

Kleiner Adventstipp:

Schreiben Sie eine Weihnachtskarte an einen lieben Menschen oder lassen Sie die Karte schreiben und diktieren Sie den Text dafür.

Der Winterabend

Der Winterabend, das ist die Zeit
der Arbeit und der Fröhlichkeit.

Wenn die andern nähen, stricken und spinnen,
dann müssen wir Kinder auch was beginnen;
wir dürfen nicht müßig sitzen und ruhn,
wir haben auch unser Teil zu tun:

Wir müssen zu morgen uns vorbereiten
und vollenden unsere Schularbeiten.
Und sind wir fertig mit Lesen und Schreiben,
dann können wir unsere Kurzweil treiben.

Und ist der Abend auch noch so lang,
wir kürzen ihn mit Spiel und Gesang.
Und wer ein hübsches Rätsel kann,
der sagt's, und wir fangen zu raten an.

August Heinrich Hoffmann von Fallersleben

15. Dezember

Der richtige Weihnachtsbaum

Eine gute Woche vor Weihnachten gehen die drei Brüder Dietmar, Max und Josef normalerweise immer in den Familienwald, um Weihnachtsbäume zu schlagen. Dietmars Familie will eine hohe Tanne. Die Frau von Max hat eine kleine Blaufichte bestellt.
Josef hat ganz besondere Ansprüche an den Baum, der im Familienwohnzimmer stehen soll. Deshalb überlegt er jedes Jahr lange, welcher Baum der richtige ist.

Doch dieses Jahr ist es etwas anders. Josef hat leider keine Zeit. Deshalb müssen Dietmar und Max ohne ihren kleinen Bruder zum Weihnachtsbaumschlagen.
„Josef war letzte Woche schon im Wald und hat seinen Baum ausgesucht. Wir sollen ihn fällen und mitnehmen“, informiert Dietmar den großen Bruder Max. Er zieht einen verknitterten Zettel aus der Hosentasche. Dort hat Josef genau aufgezeichnet, wo der ausgewählte Baum steht.
„Er hat ein rotes Band an einen Ast gebunden. Damit wir wissen, welchen er meint“, sagt Dietmar und tippt auf das dicke Kreuz auf dem Papier.
„Für mich sieht das mehr nach einer Schatzkarte aus, die zu einem Piratenschatz führt“, lacht Max.
Als die beiden Brüder Axt und Handsäge auf dem Leiterwagen verstaut haben und aufbrechen wollen, schellt im Haus das Telefon. Eilig läuft Dietmar zurück in den Flur. Er hebt ab und meldet sich. „Hofmeier, hallo? Wer spricht?“
Aber er ist zu spät. Es ist niemand mehr in der Leitung. Dietmar zuckt mit den Schultern und legt den Hörer auf die Gabel.

Max und Dietmar marschieren in Richtung Wald und ziehen gemeinsam den Leiterwagen. Keine Viertelstunde später sind sie auch schon mitten im Forst. Dietmar hat schnell eine passende Tanne entdeckt. Auch Max trifft ohne langes Federlesen seine Wahl. Mit ein paar Axtschlägen sind die beiden Bäume umgelegt. Dietmar und Max deponieren ihre Weihnachtsbäume am Wegrand.
„Jetzt müssen wir nur noch den Baum von Josef finden", murmelt Dietmar und faltet die Beschreibung des Bruders auseinander.
Max und Dietmar beugen sich über den Zettel.
„Wir müssen da lang", ist sich Max sicher.
„Na, ich weiß nicht", meint Dietmar skeptisch.
Er dreht den Zettel um 180 Grad. Aber so wird er aus der Zeichnung auch nicht schlauer. Also geht er einfach hinter Max her. Doch nirgendwo ist ein Baum mit einem roten Band zu sehen. Dietmar und Max studieren die Skizze erneut. Dann suchen sie in der anderen Richtung. Schließlich haben die beiden beinahe das gesamte Waldstück abgegrast.
„Nichts. Das gibt's doch nicht! Vielleicht hat ein Tier das rote Band abgebissen?", überlegt Max.
„Es hat keinen Sinn. Wir müssen Josef wohl oder übel sagen, dass wir seinen Baum nicht gefunden haben", meint Dietmar.
„Na, da werden wir etwas zu hören bekommen. Der schmiert uns das doch bis Ostern aufs Butterbrot", murmelt Max.
Resigniert packen die beiden ihre geschlagenen Bäume auf den Leiterwagen und ziehen ihn nach Hause.

Vor der Tür wartet schon Dietmars Frau Ingrid.
„Wir haben unsere Weihnachtsbäume dabei", sagt Dietmar und deutet auf den Leiterwagen.
Ingrid begutachtet die Tanne und nickt zufrieden.

„Nur leider haben wir den Baum von Josef partout nicht gefunden“, gibt Dietmar zu und verzieht den Mund.
„Ach, ihr wisst es noch gar nicht?“, fragt Ingrid.
Dietmar sieht seine Frau irritiert an.
„Was wissen wir nicht?“, fragt er nach.
„Na, Josef hat vorhin angerufen. Er hat seinen Baum gestern schon geschlagen. Ihr hättet euch also gar nicht darum kümmern müssen. Außerdem hat er gesagt, er hätte vorhin schon mal angerufen“, erklärt Ingrid.
„Na wunderbar, dann hätten wir uns die Sucherei ja sparen können“, brummt Dietmar.
„Typisch kleiner Bruder“, murmelt Max. „Nächstes Jahr ist er dran. Da soll er unsere Bäume mitbringen. Und ich werde eine so komplizierte Zeichnung anfertigen, dass er bis Neujahr braucht, um die Weihnachtsbäume zu finden.“
„Brüder. Ihr werdet wohl nie erwachsen“, lacht Ingrid und schüttelt den Kopf.

Impulse zur Geschichte:

- Welche Baumart mögen Sie am liebsten als Weihnachtsbaum?
- Kennen Sie ein Geheimrezept, damit der Weihnachtsbaum nicht nadelt?
- Wer hat bei Ihnen früher den Baum besorgt?
- Wo hatten Sie immer Ihren Weihnachtsbaum her? Haben Sie einen gekauft oder selbst geschlagen?

O Tannenbaum

O Tannenbaum, o Tannenbaum,
wie treu sind deine Blätter!
Du grünst nicht nur zur Sommerzeit,
nein, auch im Winter, wenn es schneit.
O Tannenbaum, o Tannenbaum,
wie treu sind deine Blätter!

O Tannenbaum, o Tannenbaum,
du kannst mir sehr gefallen!
Wie oft hat nicht zur Weihnachtszeit
ein Baum von dir mich hoch erfreut!
O Tannenbaum, o Tannenbaum,
du kannst mir sehr gefallen!

O Tannenbaum, o Tannenbaum,
dein Kleid will mich was lehren:
Die Hoffnung und Beständigkeit
gibt Trost und Kraft zu jeder Zeit.
O Tannenbaum, o Tannenbaum,
dein Kleid will mich was lehren.

August Zarnack / Ernst Anschütz

16. Dezember

Der selbst gestrickte Schal

Hildegard strickt seit Tagen an Weihnachtsgeschenken für ihren Mann Konrad und für Tante Ilse. Geschickt lässt sie die Nadeln klappern. Bei jeder Masche hüpft das Wollknäuel auf ihrem Schoß. Hildegards Hände bewegen sich ganz automatisch. Sie ist ganz in ihre Arbeit vertieft. Plötzlich steht Konrad in der Tür.
„Ich konnte heute früher Feierabend machen", meint er lächelnd. Dann legt er den Kopf schief.
„Sag mal, was machst du denn da?"
Hildegard wedelt mit der Hand. „Das geht dich gar nichts an. Und jetzt geh schon mal vor in die Küche. Ich habe dir Brote geschmiert."
Als Konrad verschwunden ist, legt Hildegard das Strickwerk und die Wolle in ihren Handarbeitskorb und stellt ihn hinter den Wohnzimmerschrank.

Als zwei Tage später die Geschenke schließlich fertig sind, muss Hildegard ein gutes Versteck dafür finden. Sie geht in die Speisekammer und holt unter dem Regal einen Schuhkarton hervor. Dort hinein packt sie das Selbstgestrickte. Vorsichtshalber schreibt sie noch „Finger weg, Konrad!" darauf. Zufrieden schiebt Hildegard den gefüllten Karton unter das Regal.

Am nächsten Tag hat Konrad frei. Er nutzt den Tag, um im Keller an seiner Modelleisenbahn zu bauen. Zumindest hat er das gesagt. Hildegard bereitet das Mittagessen vor. Erst schneidet sie Zwiebeln klein. Anschließend macht sie sich auf den Weg in die Speisekammer, um Schmalz zu holen. Die Tür ist nur angelehnt. Aus der Kammer dringt leises Gemurmel. Hildegard reißt die Tür auf. Auf dem Boden vor dem Regal kniet Konrad. Hildegard stemmt die Arme in die Seiten.

„Was machst du denn da?", fragt sie und ihre Stimme klingt bedrohlich streng.
„Nichts", stammelt Konrad.
Vor Konrad auf dem Boden steht der Karton mit den gestrickten Geschenken. Der Deckel ist offen.
„Das nennst du also nichts?", sagt sie ärgerlich.
„Ich wollte doch nur eine Butterbrottüte holen. Die brauche ich für die kleinen Teile von meiner Eisenbahn. Und da habe ich rein zufällig den Karton entdeckt", versucht Konrad sich rauszureden.
„Rein zufällig. Aha!", schnaubt Hildegard und rollt mit den Augen. „Du hast absichtlich nach den Weihnachtsgeschenken gesucht. Gib es wenigstens zu!"
„Aber nein! Ehrlich. Dass ich das Geschenk gefunden habe, war reiner Zufall", beteuert Konrad.
Dann zieht er einen langen rosa Schal mit Zopfmuster aus dem Schuhkarton und richtet sich auf.
„Ich kann mir denken, dass du dir viel Arbeit gemacht hast", beginnt er vorsichtig. „Aber der Schal, den du gestrickt hast, der passt doch gar nicht zu mir."
Hildegards Mundwinkel zucken.
„Wirklich? Ich dachte, Zopfmuster wäre genau das Richtige für dich. Und die Farbe passt doch zu deinem braunen Wintermantel", tut sie ganz unschuldig.
„Du hast wirklich einen guten Geschmack. Aber dieser Schal …", stottert Konrad und windet sich. „Aber natürlich werde ich ihn tragen. Er ist schließlich von dir und noch dazu selbst gemacht", fügt er schnell hinzu.
„Gut zu wissen", sagt Hildegard und bemüht sich, ernst zu bleiben. Aber dann fängt sie doch zu kichern an.

„Weißt du, mein neugieriger Ehemann: Der Schal mit den Zopfmustern ist ja eigentlich für Tante Ilse. Dein Geschenk liegt darunter in der Kiste."
Konrad dreht sich zum Schuhkarton um.
„Wage es ja nicht!", ruft Hildegard.
Dann nimmt sie ihrem Mann den Schal aus der Hand und scheucht ihn zurück in den Keller.
Mit eingezogenem Kopf verschwindet Konrad. Hildegard sieht ihm kopfschüttelnd nach. Den Schal mit den Zopfmustern legt sie fein säuberlich zusammen. Danach streicht sie über den Schal, der noch im Karton liegt. Der ist für Konrad. Er ist blau und weiß – das sind die Farben von Konrads Lieblingsfußballverein.
„Eigentlich hättest du es ja verdient, dass ich dir Tante Ilses Schal unter den Baum lege", murmelt Hildegard.
Darüber wird sie in den nächsten Tagen noch nachdenken. Aber jetzt muss sie wohl erst einmal ein neues Versteck für die Geschenkekiste suchen.

Impulse zur Geschichte:

- Über welches Weihnachtsgeschenk haben Sie sich besonders gefreut?
- Können Sie stricken, häkeln, sticken oder sind Sie anderweitig handwerklich begabt?
- Haben Sie schon einmal einen Schal oder Pullover selbst gestrickt?
- Haben Sie früher Weihnachtsgeschenke selbst gemacht?

Vom Christkind

Denkt euch, ich habe das Christkind gesehen!
Es kam aus dem Walde,
das Mützchen voll Schnee,
mit rotgefrorenem Näschen.
Die kleinen Hände taten ihm weh,
denn es trug einen Sack, der war gar schwer,
schleppte und polterte hinter ihm her.

Was drin war, möchtet ihr wissen?
Ihre Naseweise, ihr Schelmenpack –
denkt ihr, er wäre offen der Sack?
Zugebunden bis oben hin!
Doch war gewiss etwas Schönes drin!
Es roch so nach Äpfeln und Nüssen!

Anna Ritter

17. Dezember

Bunte Teller

Margot steht in der Küche. Sie bereitet alles für den gemütlichen Adventsabend vor. Bei ihr und Horst hat dieser Abend seit vielen Jahren Tradition. Margots Schwester Helga und ihr Mann Erwin werden kommen. Zusammen wollen sie Margots selbst gemachten Eierlikör trinken. Margot deckt den Tisch. Sie stellt den Adventskranz in die Mitte. Die besonderen Gläser aus Bleikristall dürfen natürlich auch nicht fehlen. Den imposanten Nussknacker aus Holz stellt Margot ebenfalls auf den Tisch. Dann holt sie zwei Flaschen Eierlikör aus dem Keller.

Zum Schluss bereitet Margot wie jedes Jahr bunte Teller vor. Jeder bekommt einen Pappteller mit Weihnachtsmotiv. Darauf verteilt Margot liebevoll Nüsse, Mandarinen, Äpfel, Goldtaler aus Schokolade und Weinbrandbohnen. Als die Teller bestückt sind, betrachtet Margot all die Leckereien. Dann stutzt sie.

„Eigentlich ist es jedes Jahr dasselbe. Alle wollen am Ende nur ihre Lieblingssachen und stibitzen sie dann von den anderen Tellern", murmelt sie und räumt die Teller kurzerhand wieder leer.

„Horst mag am liebsten Nüsse."

Margot richtet einen Teller nur mit Walnüssen und Haselnüssen an. Auf den nächsten legt sie alle Mandarinen und Äpfel.

„Der ist für Helga. Sie isst ja am liebsten Obst", sagt Margot. „Und jetzt noch Weinbrandbohnen für Erwin."

Flink schüttet sie alle davon auf den nächsten Teller. Für sich selbst häuft sie Goldtaler auf den letzten Pappteller. Fertig. Zufrieden stellt Margot die neu bestückten Teller auf den Tisch.

Kurz darauf klingelt es an der Wohnungstür.

„Ich mach auf!", ruft Horst aus dem Flur.

Nachdem Helga und Erwin ihre Mäntel abgelegt haben, kommen sie mit Horst in die Küche.

„Schön, dass du uns wieder zum Adventsabend eingeladen hast“, sagt Helga und nimmt Margot in den Arm.
Erwin nickt.
„Eine wirklich wunderbare Tradition“, stimmt er zu.
Horst lacht, geht zum Tisch und lässt den Nussknacker klappern. Erwin tritt hinter ihn und klopft seinem Schwager auf die Schulter. Plötzlich reißt er seine Augen auf.
„He, was soll das denn?“, ruft Erwin und deutet auf den Tisch. „Wo sind denn dieses Jahr die bunten Teller?“
Margot runzelt irritiert die Stirn. „Aber da stehen sie doch.“
Erwin stemmt die Hände in die Seiten.
„Die sind doch nicht bunt. Auf einen bunten Teller gehört von jedem etwas“, behauptet er.
Margot zuckt mit den Schultern.
„Das habe ich dieses Jahr extra anders gemacht. Weil doch ohnehin jeder die unliebsamen Dinge von seinem Teller bei den anderen eintauscht“, erklärt sie.
Helga kommt rüber zum Tisch und mustert die genau sortierten Teller.
„Na, aber das Tauschen, Feilschen und Stibitzen ist doch der Clou an der Sache“, pflichtet sie ihrem Mann bei.
„Da haben Erwin und Helga schon recht“, mischt sich jetzt auch Horst ein.
Margot sieht verärgert in die Runde.
„Dann habe ich mir jetzt ganz umsonst die doppelte Arbeit gemacht“, grummelt sie.
„Ach was. Ihr geht jetzt alle noch mal vor die Tür. Und ich kümmere mich darum, dass die bunten Teller wie jedes Jahr wirklich bunt sind“, bestimmt Horst und wedelt mit der Hand.
Gehorsam trotten Margot, Helga und Erwin in den Flur. Wenig später werden sie von Horst wieder in die Küche gerufen. Jetzt sind die

Weihnachtsteller neu sortiert. Auf jedem liegen Nüsse, Weinbrandbohnen, Goldtaler und Mandarinen bunt durcheinander. Als alle am Tisch Platz nehmen, beginnt auch schon das ausgelassene Feilschen.

„Gibst du mir deine Weinbrandbohnen?", fragt Erwin seine Frau.

„Auf keinen Fall", lacht die und schnappt sich eine Mandarine von Erwins Teller.

Margot lächelt.

„Mit Traditionen soll man wohl am besten nicht brechen", murmelt sie.

Dann öffnet sie die erste Flasche Eierlikör und schenkt allen ein.

Impulse zur Geschichte:

- Welche Leckerei mögen Sie in der Weihnachtszeit am liebsten?
- Haben Sie auch eine Nussknacker-Figur?
- Haben Sie früher auch bunte Teller hergerichtet?
- Auf welche Traditionen im Advent würden Sie nur ungern verzichten?

Kleiner Adventstipp:

Bereiten Sie einen bunten Teller für einen lieben Menschen vor.

Nussknacker

Nussknacker, du machst ein grimmig Gesicht –
ich aber, ich fürchte vor dir mich nicht:
Ich weiß, du meinst es gut mit mir,
drum bring ich meine Nüsse dir.

Ich weiß, du bist ein Meister im Knacken:
Du kannst mit deinen dicken Backen
gar hübsch die harten Nüsse packen
und weißt sie vortrefflich aufzuknacken.

Nussknacker, drum bitt ich dich, bitt ich dich,
hast bessere Zähn als ich, Zähn als ich,
o knacke nur, knacke nur immerzu!

Ich will dir zu Ehren
die Kerne verzehren.
O knacke nur, knack knack knack! Immerzu!
Ei, welch ein braver Kerl bist du!

August Heinrich Hoffmann von Fallersleben

18. Dezember

Die Weihnachtslotterie

Dieter und Josefine schlendern durch die Innenstadt. Überall sind die Schaufenster weihnachtlich dekoriert. Vom Weihnachtsmarkt auf dem Stadtplatz weht der Duft von heißen Maronen und gebrannten Mandeln zu ihnen herüber. Josefine hakt sich bei Dieter unter und seufzt.

„Ist es nicht die schönste Zeit des Jahres? Wollen wir uns dort vorne einen Lebkuchen kaufen?“, schlägt sie vor.

Dieter zuckt mit den Schultern.

„Solche haben wir doch zu Hause. Und deine schmecken sowieso viel besser“, versucht er seine Frau umzustimmen. Und das liegt nicht nur daran, dass ihm das Weihnachtsgebäck seiner Frau wirklich gut schmeckt. Sondern auch daran, dass Dieter es nicht mag, für unnötige Dinge Geld auszugeben.

„Na gut, dann eben nicht“, murmelt Josefine und klingt ein wenig enttäuscht. Aber ihre Stimmung hellt sich sofort wieder auf.

„Schau nur!“, ruft sie und drückt Dieters Arm.

„Weihnachtslotterie“ steht in schwungvollen Lettern auf einem Schild an einer Holzbude. Und ein Plakat informiert: „Jedes Los 50 Pfennig. Hauptgewinn 2.000 Mark. Nummer 1 gewinnt.“

„Na los, wir sollten unser Glück versuchen“, sagt Josefine und kramt sofort zwei Münzen aus ihrer Geldbörse. „Zwei Lose bitte“, wendet sie sich an den Mann in der Lotteriebude.

Der Verkäufer hält Josefine ein Körbchen mit eingerollten Zetteln über den Tresen.

„Jeder nimmt eines“, fordert Josefine ihren Mann auf.

Missmutig greift Dieter zu und zieht ein Los von ganz unten aus dem Korb. Josefine entscheidet sich für ein Los von oben. Doch bevor Dieter sein Los öffnen kann, stoppt Josefine ihn.

„Morgen müssen wir ja noch mal in die Innenstadt. Wir öffnen die Lose erst zu Hause. Dann ist es spannender."
Josefine nickt entschlossen, nimmt Dieter das Los aus der Hand und steckt die beiden Glückslose in ihre Manteltasche. Dieter sieht sie erst verdutzt an, doch dann zuckt er ergeben mit den Schultern.

„Was würden wir mit dem Gewinn machen?", überlegt Josefine, während sie weitergehen.
„Vielleicht können wir davon im Sommer Urlaub in Italien machen? Oder ich könnte mir einen Pelzmantel kaufen", sagt sie und zeigt auf das Schaufenster von „Pelzmoden Schreiber".
„Und wolltest du nicht immer schon einmal eine Lederjacke?", philosophiert Josefine weiter.
Dieter sagt zu alledem nichts.

An der nächsten Straßenecke kommt ihnen eine Frau entgegen. Sie hält eine Metalldose in der Hand.
„Spenden Sie für unsere Suppenküche. Damit auch arme Menschen an Weihnachten ein warmes Essen bekommen!", ruft sie laut.
Sie schüttelt ihre Dose und lässt die Münzen darin klimpern.
„Dieter, jetzt sag doch auch einmal etwas dazu. Was würdest du mit dem Gewinn aus der Lotterie machen?", lässt Josefine nicht locker.
Die Frau mit der Spendendose ist jetzt auf ihrer Höhe. Dieter bleibt stehen.
„Ich finde, einen Gewinn aus der Lotterie darf man nicht für Unnützes verschwenden", sagt er ernst. „Gib mal die Lose her."
Verwundert greift Josefine in ihre Manteltasche und holt die Lose heraus. Dieter nimmt sie und stellt sich der Frau mit der Spendendose in den Weg.

„Hier, nehmen Sie. Und viel Glück", sagt er.
Dann steckt er die beiden ungeöffneten Lose durch den Schlitz der Dose. Die Spendensammlerin sieht ihn verwirrt an. Dann geht sie weiter.
„Mit dem Gewinn aus einer Lotterie sollte man etwas Sinnvolles machen", sagt Dieter und nimmt Josefines Hand. „Wir haben doch alles, was wir brauchen."
Josefine klappt ihren Mund auf, um etwas zu sagen. Doch dann nickt sie. Dieter hat recht. Beschwingt setzen die beiden ihren Weg fort.
„Geben ist seliger als nehmen. Und geteiltes Glück ist doppeltes Glück. Jetzt kann Weihnachten kommen", denkt Josefine und ist plötzlich richtig in Weihnachtsstimmung.

Impulse zur Geschichte:

- Gönnen Sie sich gerne mal etwas Schönes oder sind Sie eher sparsam?
- Wovon haben Sie früher geträumt? Was wollten Sie sich gerne leisten können?
- Mögen Sie Lotterien? Kaufen Sie auch gerne Lose?
- Haben Sie in der Vorweihnachtszeit auch schon einmal etwas für einen guten Zweck gespendet?

Weihnachten

Zwar ist das Jahr an Festen reich,
doch ist kein Fest dem Feste gleich,
worauf wir Kinder Jahr aus Jahr ein
stets harren in süßer Lust und Pein.

O schöne, herrliche Weihnachtszeit,
was bringst du Lust und Fröhlichkeit!
Wenn der heilige Christ in jedem Haus
teilt seine lieben Gaben aus.

Und ist das Häuschen noch so klein,
so kommt der heilige Christ hinein,
und alle sind ihm lieb wie die Seinen,
die Armen und Reichen, die Großen und Kleinen.

Der heilige Christ an alle denkt,
ein Jedes wird von ihm beschenkt.
drum lasst uns freu'n und dankbar sein!
Er denkt auch unser, mein und dein.

August Heinrich Hoffmann von Fallersleben

19. Dezember

Tanz auf dem Eis

Veronika wäre am liebsten Eisprinzessin. Sie liebt es, an Wintertagen über den gefrorenen Stadtweiher zu gleiten – so wie der berühmte Eiskunstläufer Manfred Schnelldorfer. Ihn bewundert sie sehr. Aber ihre absoluten Idole sind Marika Kilius und Hans-Jürgen Bäumler. Nicht nur, weil die beiden als Eiskunstpaar schon so viele Medaillen geholt haben. Jede Pirouette, jede Hebefigur scheint ihnen mühelos zu gelingen. Veronika wäre so gerne wie sie. Kürzlich hat Veronikas Mutter sie gefragt, was sie sich zu Weihnachten wünsche.
„Eiskunstläuferin werden", hat Veronika da prompt geantwortet. Aber das kann ihr natürlich niemand als Päckchen unter den Weihnachtsbaum legen.

Heute hat Veronika sich mit ihrer Freundin Hella zum Schlittschuhlaufen verabredet. Hella wartet beim Stadtweiher auf sie. Die beiden jungen Frauen begrüßen sich gut gelaunt. Rasch schnüren sie ihre schwarzen Schlittschuhe und gehen aufs Eis. Erst drehen sie ein paar Runden. Dann macht Hella eine Pause. Veronika fährt alleine weiter. Sie beginnt, auf dem Eis zu tanzen. Sie singt dazu leise eine Melodie, zu der sie sich mit ausgebreiteten Armen dreht. Plötzlich wird sie angerempelt. Sie wankt, findet im letzten Moment aber noch ihr Gleichgewicht wieder und kommt mit wackeligen Knien auf dem Eis zum Stehen. Veronika fährt ärgerlich herum. Ob Hella sich einen Scherz erlaubt hat? Aber nein! Hinter ihr steht ein junger Mann und sieht sie zerknirscht an.
„Verzeihung, verehrtes Fräulein. Ich wollte Sie nicht aus dem Takt bringen", entschuldigt er sich. Dabei macht er eine leichte Verbeugung.

„So ein fescher junger Mann", ist das Erste, was Veronika durch den Kopf schießt.
Ihr Ärger ist schlagartig verflogen.
„Sie bewegen sich wie eine Primaballerina auf Kufen", setzt der Mann noch hinzu.
Obwohl es kalt ist, schmilzt Veronika dahin.
„Ich würde Sie gerne zum Tanzen auffordern. Das geht doch sicher auch auf dem Eis, oder?", fragt der junge Mann forsch. Er greift nach ihrer Hand und will sie schon an sich ziehen. Doch Veronika windet sich aus seinem Griff.
„Aber ich kenne Sie ja gar nicht!", entgegnet Veronika und klingt weniger entrüstet, als sie wollte.
Der junge Mann lupft seine Pelzmütze.
„Hartmut. Hartmut Reinberg", stellt er sich vor. „Und Sie sind?"
Veronika räuspert sich. Sie merkt, dass sie rot wird.
„Veronika Lechner", antwortet sie zaghaft.
Hartmut lächelt verschmitzt. „Dann hätten wir das ja geklärt. Jetzt kennen Sie mich. Also: Darf ich Sie um einen Tanz bitten?", lässt er nicht locker.
Veronika kann sich ein Lächeln nicht verkneifen.
„Also gut." Sie greift nach der Hand, die Hartmut ihr hinhält.
Er führt Veronika gekonnt über das Eis. Dann flüstert er: „Achtung! Jetzt geht es nach oben!"
Und schon fasst er Veronika fest an beiden Hüften und hebt sie hoch. Dabei dreht er sich im Kreis. Veronika breitet die Arme aus. Es fühlt sich an, als würde sie fliegen. Wie aus weiter Ferne dringt Klatschen an ihr Ohr. Als Hartmut Veronika wieder absetzt, sieht sie, dass die Blicke einiger Eisbesucher auf sie gerichtet sind.
„Bravo!", ruft ein Mann.
„Wie Marika Kilius und Hans-Jürgen Bäumler", sagt eine Frau.
Veronika merkt, wie ihre Wangen zu glühen beginnen.

„Vielen Dank für diesen Tanz“, sagt Hartmut und lässt ihre Hand los. „Wollen wir das morgen wiederholen? Damit würden Sie mir eine große Freude machen“, wagt Hartmut sich zu fragen.
„Vielleicht“, sagt sie, dreht sich um und gleitet hinüber zum Ufer, von wo aus Hella ihr schon zuwinkt.
„Bis morgen also. Sagen wir, um drei?“, ruft Hartmut ihr nach.
Veronika dreht sich nicht um. Vor Hella bleibt sie stehen.
„He, was war das denn?“, fragt ihre Freundin mit großen Augen.
„Das war Hartmut. Er tanzt wie ein echter Eiskunstläufer.“
Veronika ist noch ganz verzaubert und schüttelt den Kopf, als könne sie nicht glauben, was ihr gerade widerfahren ist.
„Ich … Ich glaube, das war mein vorgezogenes Weihnachtsgeschenk“, fügt sie hinzu und lächelt verträumt.
Und sie weiß auch schon, dass sie morgen um drei sicher wieder hier sein wird.

Impulse zur Geschichte:

- Sind Sie früher auch Schlittschuh gelaufen?
- Welche Sportart mögen Sie gerne?
- Haben Sie ein Idol oder Vorbild aus dem Sport oder aus Musik und Kunst? Gibt es jemanden, den Sie bewundern?
- Haben Sie schon einmal ein vorgezogenes Weihnachtsgeschenk bekommen?

Tipp:

Wagen Sie doch heute selbst einmal ein kleines Tänzchen: Drehen Sie sich im Stehen oder im Sitzen zu Ihrer Lieblingsmusik.

Raureif vor Weihnachten

Das Christkind ist durch den Wald gegangen,
sein Schleier blieb an den Zweigen hangen,
da fror er fest in der Winterluft
und glänzt heut' morgen wie lauter Duft.

Ich gehe still durch des Christkinds Garten,
im Herzen regt sich ein süß Erwarten:
Ist schon die Erde so reich bedacht,
was hat es mir da erst mitgebracht!

Anna Ritter

20. Dezember

Das Weihnachtshuhn

Georg reibt seine Hände aneinander und zieht sich seine Wollmütze über, denn draußen schneit es kräftig.
„Ist das heute kalt", murmelt er.
Er holt den Schneeschieber aus dem Schuppen und beginnt, die Zufahrt zum Haus freizuräumen. Plötzlich hält er inne.
„Da gackert doch etwas", sagt er.
Aber bestimmt hat er sich das nur eingebildet! Georg schiebt weiter Schnee beiseite. Da hört er es wieder. Georg lehnt den Schneeschieber an den Zaun und sieht sich um. Tatsächlich! Im Vorgarten trippelt ein braunes Huhn im Schnee herum! Es ruckelt beim Gehen mit dem Kopf vor und zurück.
„Erika! Kinder! Kommt mal her! Das müsst ihr euch ansehen!", ruft Georg.

Georgs Frau Erika, sein Sohn Rüdiger und seine Tochter Jutta sind genauso überrascht wie Georg.
„Was will das Huhn denn in unserem Garten?", fragt Jutta und nähert sich langsam dem Federvieh.
„Bestimmt ist es ausgebüxt", ist sich Rüdiger sicher.
Erika legt den Kopf schief und betrachtet das Huhn.
„Jutta, Rüdiger, geht mal rüber zu Bauer Klaus. Am besten nehmt ihr das Huhn gleich mit. Bestimmt ist es aus seinem Hühnerstall ausgerissen."

Wenig später sitzen Georg und Erika in der Küche und trinken Kaffee. Da poltert es im Flur. Jutta und Rüdiger sind zurück. Doch sie sind nicht allein. Jutta hält das Huhn in ihren Armen.
„Ihr solltet es doch zu Bauer Klaus bringen", sagt Erika und kneift die Lippen zusammen.

Rüdiger zuckt mit den Schultern: „Das Huhn gehört ihm nicht. Und er kann es auch nicht behalten. Weil sich seine Hühner nicht mit Gretel verstehen."
„Wer ist Gretel?", fragt Georg und klingt verwirrt.
„Na, unser Huhn", erklärt Jutta und streicht der Henne über das Federkleid.
„Unser Huhn? Es gehört uns doch nicht. Es ist uns nur zugelaufen", meint Erika bestimmt. „Und es muss auch wieder weg. Was sollen wir denn mit einem Huhn?"
Rüdiger und Jutta legen beide schützend einen Arm um Gretel.
„Wenn wir nicht wissen, wo sie hingehört, müssen wir sie erst einmal behalten", sagt Rüdiger mit ernster Stimme.
Georg stemmt sich von der Eckbank hoch und sieht seine Kinder streng an.
„Wie stellt ihr euch das vor? Wir sind doch hier kein Hühnerhof. Das Huhn muss weg", spricht er ein Machtwort.
„Aber bald ist Weihnachten. Und da haben Josef und Maria auch nicht gewusst, wohin sie sollen. Und niemand wollte sie aufnehmen. Ihr habt immer gesagt, dass das nicht nett war von den Menschen. Gretel braucht einen Stall. So wie die heilige Familie mit dem Jesuskind", sagt Rüdiger.
„Genau! Bei uns bekommt Gretel eine Herberge!", ruft Jutta aufgeregt.
Mit einem Mal ist Erika ganz gerührt. Wie sehr sich ihre Kinder für das Tier einsetzen. Und wie gut sie die Weihnachtsgeschichte kennen. Sie kann nicht anders. Sie muss sich auf die Seite ihrer Kinder schlagen.
„Georg, ich glaube, die Kinder haben recht", sagt sie deshalb.
„Ach, auf einmal", murmelt Georg.
Aber auch ihn hat die Rede seiner Kinder nicht kaltgelassen. Seufzend stellt er sich vor Jutta, Rüdiger und das Huhn.

„Na gut. Gretel kann ein paar Nächte bleiben. Aber nur, wenn ihr euch um sie kümmert", lenkt Georg ein.
Jutta und Rüdiger strahlen.
„Wir machen alles, was du willst", beteuert Rüdiger hastig.
Georg runzelt die Stirn und überlegt.
„Gut. Dann geht jetzt zu Bauer Klaus und bittet ihn um ein wenig Hühnerfutter. Und er soll sich umhören, wem ein Huhn entlaufen ist. Dann kommt ihr mit mir in die Werkstatt. Wir zimmern ein kleines Hühnerhaus, das wir unter das Vordach in den Garten stellen", zählt Georg seine Bedingungen auf.
„Machen wir!", rufen Jutta und Rüdiger wie aus einem Mund.
Mitsamt dem Huhn verschwinden die beiden wieder aus der Küche. Erika lächelt ihren Mann liebevoll an.
„Ich finde es schön, dass wir einem Huhn Herberge geben. Gretel ist dieses Jahr unser Weihnachtshuhn", raunt sie ihrem Mann zu. Dann streicht sie ihm zärtlich über die Wange.

Impulse zur Geschichte:

- Ist Ihnen schon einmal ein Tier zugelaufen?
- Sind Sie mit Tieren aufgewachsen oder hatten Sie später ein Tier?
- Hatten Sie schon einmal ungewöhnlichen Weihnachtsbesuch?

Weihnachtssprüchlein

Nun leuchten wieder die Weihnachtskerzen
und wecken Freude in allen Herzen.
Ihr lieben Eltern, in diesen Tagen,
was sollen wir singen, was sollen wir sagen?
Wir wollen euch wünschen zum heiligen Feste
vom Schönen das Schönste, vom Guten das Beste!
Wir wollen euch danken für alle Gaben
und wollen euch immer noch lieber haben.

Gustav Falke

21. Dezember

Auf dem Weihnachtsmarkt

Norbert ist mit seinem Patenkind Willi auf dem Weg zum Weihnachtsmarkt. Er hat ihm versprochen, dass er sich etwas für 20 Pfennige aussuchen darf.

„Alles, was ich will?", fragt der kleine Naseweis.

Norbert lacht und nickt. Dann greift er nach der Hand des Jungen und die beiden gehen weiter Richtung Marktplatz. Dort ist alles festlich geschmückt. Eine große Tanne steht in der Mitte. Die Holzbuden gruppieren sich rundherum. Es riecht nach heißen Maronen, gebratenen Würstchen und Glühwein.

„Onkel Norbert, Onkel Norbert! Schau nur!", ruft Willi.

Er reißt sich von Norberts Hand und läuft los. Norbert kommt seinem Neffen kaum hinterher. Unter dem Tannenbaum steht ein Leierkastenmann. Willi hat sich vor ihm aufgestellt. Mit offenem Mund lauscht der Knirps der Musik. Dabei folgt er mit seinen Augen den Handbewegungen des Drehorgelspielers, die gleichmäßig die Kurbel in Bewegung setzen. Norbert legt Willi eine Hand auf die Schulter. Der Junge steht still, ja beinahe andächtig da. Norbert muss schmunzeln, denn sonst kann sich der Treibauf keine Minute ruhig halten.

„Na komm, es gibt hier noch mehr zu sehen", sagt Norbert, nachdem das dritte Lied verklungen ist.

Widerwillig lässt sich sein Neffe von ihm weiterziehen.

„Schau! So viele Nussknacker", meint Norbert und zeigt auf die hölzernen Gesellen in der Auslage einer Bude.

Willi zuckt nur gelangweilt mit den Schultern.

„Magst du eine Bratwurst?", fragt Norbert und steuert eine Würstchenbude an.

Willi schüttelt den Kopf. Da fällt es Norbert ein: Der Junge mag gerne Süßes. Norbert streicht Willi über den Kopf.

„Komm. Dort vorne gibt es Lebkuchen und Karamellbonbons. Willst du dein Marktgeld dafür ausgeben?“, schlägt er vor.
Aber auch davon lässt sich der Junge nicht begeistern.
Norbert seufzt. Dann sieht er sich nach dem nächsten Glühweinstand um.
„Ach, da vorne“, murmelt er.
Norbert will nach Willis Hand greifen. Aber er fasst ins Leere. Was ist denn das? Der Junge stand doch eben noch neben ihm! Norbert sieht sich suchend um. Zwischen all den Menschen in Wintermänteln kann er seinen Neffen nirgendwo erkennen.
„Willi?“, ruft Norbert beunruhigt. „Willi!“
Aufgeregt tippt er einer Frau auf die Schulter.
„Entschuldigen Sie, haben Sie einen kleinen Jungen gesehen? Er trägt eine rote Mütze. Er ist etwa so groß.“
Norbert hält seine Hand in der Nähe seiner Hüfte in die Luft. Die Frau schüttelt den Kopf und geht weiter. Norbert wird heiß und kalt zugleich.
„Willi? Wo steckst du denn?“, ruft er erneut.
Seine Augen wandern hin und her. Da sieht er den hohen Tannenbaum in der Mitte zwischen den Buden herausragen. Plötzlich durchfährt Norbert ein Gedanke.

Ungeduldig drängt Norbert sich zwischen den Leuten vorbei bis zur geschmückten Tanne. Und tatsächlich! Willi steht vor dem Drehorgelspieler und ist ganz in die Musik versunken. Erleichtert läuft Norbert zu ihm und geht in die Hocke.
„Du darfst doch nicht einfach weglaufen!“, sagt er streng.
Schuldbewusst legt Willi seinen Kopf schief.
„Aber ich weiß doch jetzt, wofür ich mein Marktgeld ausgeben will. Deshalb bin ich hierher gegangen“, murmelt der Junge.

Norbert kann seinem Neffen nicht länger böse sein. Er ist einfach nur froh, dass er ihn wiedergefunden hat. Also atmet er tief durch und fragt schließlich: „Gut, wofür willst du deine 20 Pfennig haben?"
„Na für den Drehorgelspieler", sagt Willi.
Norbert greift in seine Manteltasche, holt das Geld heraus und reicht es Willi. Dann hebt er den kleinen Wicht hoch. Stolz wirft Willi die Münzen in den Hut auf dem Leierkasten. Als es klimpert, zwinkert der Drehorgelspieler Willi und Norbert zu. Als sie ihm noch eine Weile zuhören, merkt Norbert, wie ihm plötzlich ganz feierlich zumute ist. Zum einen, weil das Verschwinden von Willi gut ausgegangen ist. Aber vor allem, weil sein Neffe Sinn für Schönes und für Musik hat.
„Er ist ein guter Junge", denkt Norbert. Und vielleicht hat er als Patenonkel ja auch einen kleinen Anteil daran.

Impulse zur Geschichte:

- Was gibt es alles auf dem Weihnachtsmarkt zu kaufen?
- Wonach riecht es auf einem Weihnachtsmarkt?
- Wofür haben Sie früher auf dem Weihnachtsmarkt Geld ausgegeben?
- Was gefällt Ihnen an einem Weihnachtsmarkt am besten?
- Haben Sie schon einmal der Musik eines Leierkastens zugehört? Welche Melodien mochten Sie besonders gern / mögen Sie am liebsten?

Weihnachten

Markt und Straßen stehn verlassen,
still erleuchtet jedes Haus,
sinnend geh' ich durch die Gassen,
alles sieht so festlich aus.

An den Fenstern haben Frauen
buntes Spielzeug fromm geschmückt,
tausend Kindlein stehn und schauen,
sind so wunderstill beglückt.

Und ich wandre aus den Mauern
bis hinaus in's freie Feld,
hehres Glänzen, heil'ges Schauern!
Wie so weit und still die Welt!

Sterne hoch die Kreise schlingen,
aus des Schnees Einsamkeit
steigt's wie wunderbares Singen –
o du gnadenreiche Zeit!

Joseph von Eichendorff

22. Dezember

Spuren im Schnee

Marianne und Hans sind seit vier Wochen verlobt. Die beiden verbringen so viel Zeit wie möglich miteinander. Heute hat Hans seine Herzdame zu einem Spaziergang abgeholt. Über Nacht hat es geschneit. Alles ist weiß. Marianne schmiegt sich eng an Hans. Arm in Arm stapfen sie durch den Schnee. Als sie den Waldrand erreicht haben, zeigt Hans auf den Weg. Er möchte Marianne gerne beeindrucken. Deshalb meint er ganz schulmeisterlich: „Siehst du die Spuren? Die sind von einem Tier. Soll ich dir erklären, woran man erkennt, von welchem Tier sie stammen?"

Marianne lacht.

„Das musst du mir nicht erklären. Das weiß ich selbst."

„Wirklich?" Hans versucht, beeindruckt zu klingen, obwohl er ein wenig enttäuscht ist, dass er Marianne nicht imponieren kann.

„Das ist ja auch einfach. Schau, die Spuren enden genau dort am Baum. Also gehören sie zu einem Eichhörnchen", schmunzelt Marianne und gibt Hans einen Kuss auf die Nase.

„Na gut. Aber die Spuren dort erkennst du nicht", ist sich Hans sicher. Er zeigt auf die Abdrücke rechts von ihnen.

Marianne geht in die Hocke und betrachtet die Spuren genau.

„Die sind von einem Dachs", sagt sie dann. „Der hat wohl trotz Winterruhe seinen Bau verlassen. Dachse sind Sohlengänger. Deshalb sieht man nur die vorderen Fußballen und die fünf Zehen."

Hans brummt etwas Unverständliches und trottet weiter. Schnell schließt Marianne auf und hakt sich wieder bei ihm unter.

Plötzlich bleibt Hans stehen. Er hat wieder Spuren entdeckt. Diesmal ist er sich sicher, dass Marianne nicht weiß, von wem sie stammen.

„Schau mal dort. Das war eine Amsel", erläutert er seine Entdeckung.

Marianne nickt.

„Ja genau. Und neben den Zehenabdrücken sind Flügelspuren. Deshalb ist die Amsel genau hier an dieser Stelle in die Luft abgehoben."

„Das erkennst du?" Hans ist wider Willen schwer beeindruckt.

Auf ihrem weiteren Weg entdecken die beiden noch die Spuren eines Rehs, einer Maus und einer Katze. Hans muss Marianne wieder nichts erklären. Sie weiß Bescheid. Irgendwann taucht vor ihnen eine Feldscheune auf. Da hat Hans eine Idee.

„Bleib mal kurz stehen", fordert er seine Verlobte auf.

Verwundert blickt Marianne Hans nach, wie er hinter der Scheune verschwindet. Hans legt sich auf den Boden in den Schnee und breitet Arme und Beine aus. Dann steht er vorsichtig wieder auf, um Marianne zu holen.

„Komm mit. Ich zeig dir eine Spur, die du bestimmt nicht kennst", sagt er und schaut dabei ein bisschen verschmitzt.

Hans zieht Marianne mit sich und deutet auf den Boden. Dort ist ein menschengroßer Abdruck im Schnee.

„Das ist die Spur von einem Engel", sagt Hans und lächelt schelmisch.

Marianne schlingt gerührt ihre Arme um Hans.

„So eine Spur habe ich tatsächlich noch nie gesehen. Den Schneeengel hast du extra für mich gemacht?", will sie wissen.

Hans nickt.

„Extra für meine zukünftige, schlaue Frau. Und weil du mein Weihnachtsengel bist."

Impulse zur Geschichte:

- Wen wollten Sie schon einmal beeindrucken?
- Von welchen Tieren erkennen Sie die Spuren im Schnee?
- Haben Sie früher auch Schneeengel oder andere Spuren im Schnee gemacht?

23. Dezember

Nicht ohne Lametta!

Jedes Jahr wird bei Familie Klausen einen Tag vor Heiligabend der Weihnachtsbaum geschmückt. Das übernehmen Vater August und die Kinder Ute und Fritz. Mutter Irmgard nutzt die Zeit immer, um ungestört Geschenke zu verpacken. August hat auch dieses Mal im Wohnzimmer alles im Griff. Der Baum steht sicher auf dem kleinen Tischchen neben dem Sofa. Die Schachteln mit den Kugeln und Sternen liegen bereit. Ute und Fritz können mit dem Behängen des Baumes beginnen. Nach und nach wird aus dem grünen Tannenbaum ein wunderschön geschmückter Weihnachtsbaum. August übernimmt die letzte Amtshandlung. Er setzt den Engel mit den goldenen Haaren auf die Baumspitze.

August, Ute und Fritz betrachten den Christbaum.

„Ich finde, da fehlt etwas", stellt Ute fest.

August mustert den Baum noch einmal genau. Seine Tochter hat recht. Aber er kann nicht genau sagen, was dieses Jahr daran anders ist als die Jahre davor.

„Irmgard, magst du mal schauen?", ruft er laut.

Wenig später steht Irmgard in der guten Stube. Sie wirft nur einen kurzen Blick auf den Baum. Dann fragt sie nach: „Wieso habt ihr denn kein Lametta an den Baum gehängt, so wie jedes Jahr? An einen richtigen Weihnachtsbaum gehört doch Lametta."

August schlägt sich mit der Hand vor die Stirn.

„Genau. Kinder, los, holt das Lametta", übernimmt er wieder das Kommando.

Ute und Fritz sehen in allen Schachteln nach. Vergeblich!

„Hier ist kein Lametta", stellt Ute fest.

„Es muss in der blauen Tüte sein", sagt Irmgard und dreht sich zu den Kindern um.

„Aber es gibt keine blaue Tüte", meint Fritz.

August wird plötzlich blass um die Nase.
„In einer blauen Tüte, sagst du?“, fragt er vorsichtig nach.
„Also, es könnte sein …“, stammelt er. „… dass ich die letztes Jahr weggeworfen habe. Ich dachte, die wird nicht mehr gebraucht.“
Irmgard fährt herum. „Du hast WAS?“, stöhnt sie. „Jetzt ist es Samstagabend und morgen ist Sonntag. Wir können also kein neues Lametta kaufen.“
Irmgard schüttelt enttäuscht den Kopf.
„Aber ein Baum ohne Lametta ist doch gar kein richtiger Weihnachtsbaum“, murmelt sie niedergeschlagen.
August fixiert schuldbewusst seine Füße. Plötzlich hat er eine Idee. Er strafft seine Schultern und schiebt seine Frau aus dem Wohnzimmer.
„Wir kümmern uns darum. Keine Sorge. Du bekommst dein Lametta.“

Eine Stunde später wird Irmgard wieder ins Wohnzimmer geholt. Stolz präsentieren August, Ute und Fritz den Baum. Überall hängen weiße, feine Papierstreifen herab.
„Es ist zwar kein silbernes Lametta. Aber immerhin“, erklärt August und sieht seine Frau abwartend an.
Irmgard tritt näher an den Baum heran. Sie nimmt einen der weißen Papierfäden in die Hand.
„Wie habt ihr das gemacht?“, fragt sie und begutachtet das Ersatzlametta.
„Wir haben alte Zeitungen in Streifen geschnitten. Ganz fein. Damit es auch fast wie echtes Lametta aussieht“, sagt Ute und klingt sehr zufrieden.
Irmgard lässt das Zeitungslametta durch ihre Finger gleiten. Dann stutzt sie. Die wenigen Zeichen, die sie auf einem der schmalen Papierstreifen erkennen kann, kommen ihr bekannt vor.

„Waren das wirklich nur Zeitungen?“, will sie wissen.
Ute und Fritz bekommen rote Wangen. Fritz räuspert sich.
„Na ja, um ehrlich zu sein: Es war auch dein Strickheft dabei. Aber das war ein Versehen. Es lag zwischen den alten Zeitungen. Wir haben es erst gemerkt, als es schon zerschnitten war“, gibt er zu.
Erst will Irmgard losschimpfen. Aber dann fällt ihr ein, dass morgen ja Weihnachten ist. Und dass sich ihr Mann und die Kinder ziemlich viel Arbeit gemacht haben. Also muss sie doch schmunzeln.
„Wenigstens haben wir jetzt Lametta am Baum“, sagt sie und lacht.
August, Ute und Fritz grinsen erleichtert zurück.

Impulse zur Geschichte:

- Wie haben Sie immer gerne Ihren Weihnachtsbaum geschmückt?
- Wer hat das Schmücken übernommen?
- Mögen Sie Lametta?
- Mussten Sie an Weihnachten schon einmal improvisieren?

Kleiner Adventstipp:

Schneiden Sie Lametta und Sterne aus Gold- und Silberpapier aus und dekorieren Sie damit einen Tannenzweig.

Die hohen Tannen atmen

Die hohen Tannen atmen heiser
im Winterschnee, und bauschiger
schmiegt sich sein Glanz um alle Reiser.
Die weißen Wege werden leiser,
die trauten Stuben lauschiger.

Da singt die Uhr, die Kinder zittern:
Im grünen Ofen kracht ein Scheit
und stürzt in lichten Lohgewittern, –
und draußen wächst im Flockenflittern
der weiße Tag zur Ewigkeit.

Rainer Maria Rilke

24. Dezember

Das besondere Weihnachtsfest

Diesmal wird Friedhelm Weihnachten wohl zum ersten Mal ganz alleine verbringen. Denn als Student ist das Geld knapp. Friedhelm kann sich keine Zugfahrkarte nach Hause leisten. Am frühen Abend des 24. Dezembers sitzt er in seinem kleinen Zimmer im Studentenwohnheim und seufzt. Das Studieren gefällt ihm. Und mit seinen Kommilitonen versteht er sich gut. Doch heute ist niemand da.
„Jetzt aber Schluss mit dem Gejammer. Davon wird Weihnachten auch nicht besser", ermahnt Friedhelm sich selbst.
Er schüttelt seine Arme aus, als könnte er damit die trüben Gedanken verjagen. Dann schnappt er sich Schal, Mütze und Winterjacke und verlässt das Wohnheim.

Ziellos läuft Friedhelm durch die Straßen der Universitätsstadt. Sehnsüchtig sieht er durch die Fenster der Häuser in hell erleuchtete Wohnungen. Sterne hängen an Fensterscheiben. Hier und dort brennen bereits Kerzen an den Tannenbäumen. Kinder in festlicher Kleidung hüpfen durch die Zimmer. Aus den Augenwinkeln sieht Friedhelm ein Schild am Straßenrand. Darunter steht eine Kerze, die den Schriftzug flackernd beleuchtet.
„Hier entlang", entziffert Friedhelm die Schrift auf dem Holzschild. Ein Pfeil zeigt nach rechts.
„Was ist das denn?", wundert sich Friedhelm.
Seine Neugier ist geweckt. Kurzerhand folgt er dem Wegweiser.

An der nächsten Straßenecke entdeckt Friedhelm erneut ein Schild. „200 Meter geradeaus", kann er darauf lesen.
„Das wird ja immer komischer", murmelt Friedhelm.
Mit seinen Schritten misst er die Strecke ab. Nach 200 Metern steht Friedhelm vor dem nächsten Schild.

„Herzlich willkommen!", steht dort in großen Buchstaben.
Friedhelm lässt seinen Blick schweifen. Vor dem Haus zu seiner Linken entdeckt er einen Mann. Er steht vor der Haustür und raucht eine Zigarre.
„Na, kommen Sie schon näher", ruft der Mann.
Friedhelm erschrickt.
„Meinen Sie mich?", fragt er unsicher.
„Sehen Sie denn noch jemanden?", lacht der Mann.
Friedhelm sieht über seine Schulter. Außer ihm ist niemand zu sehen. Unsicher nähert sich Friedhelm dem Haus. Als er schon beinahe vor der Haustür steht, erkennt er mit einem Mal, wer dort rauchend auf ihn wartet.
„Professor Hoffmann?", stellt Friedhelm überrascht fest.
„Gut erkannt, junger Mann." Der Professor bedeutet Friedhelm, näher zu kommen.
„Sie sind heute Abend allein, nicht wahr?", fragt er mit warmer Stimme.
Friedhelm nickt. Irgendwie kommt er sich ertappt vor.
„Na, dann sind Sie hier genau richtig", schmunzelt Professor Hoffmann. „Treten Sie ein."
Ziemlich überrumpelt folgt Friedhelm seinem Lehrer ins Haus. Dort wird er von fröhlichen Stimmen empfangen. Es riecht nach Gebratenem und ein wenig nach Zimt und Orange. Gemeinsam mit Professor Hoffmann betritt Friedhelm das große Wohnzimmer.
„Schauen Sie, hier hat noch jemand zu uns gefunden", übertönt der Professor das Stimmengewirr im Raum. Alle Blicke richten sich auf Friedhelm. Überrascht stellt Friedhelm fest, dass er einige der Anwesenden kennt. Roland und Eberhard aus seinem Semester sind hier. Und Dietlinde, die ein Jahr über ihm studiert. Professor Hoffmann klopft Friedhelm auf die Schulter.

„Ich veranstalte jedes Jahr an Heiligabend eine Weihnachtsfeier für diejenigen Studenten, die nicht zu ihren Familien fahren können. Die meisten wissen das“, erklärt Hoffmann.
„Ich nicht“, gibt Friedhelm zu.
Professor Hoffmann lacht. „Für diejenigen, die nicht informiert sind, stelle ich Schilder auf. Studenten sind ja von Natur aus neugierig.“ Er zwinkert Friedhelm zu. „So finden auch Unwissende den Weg. Sozusagen in den Stall von Bethlehem.“ Er lacht.
Eberhard tritt neben Friedhelm und reicht ihm ein Glas.
„Frohe Weihnachten“, wünscht er.
Plötzlich wird Friedhelm ganz warm ums Herz.
„Ja, jetzt sind es wirklich frohe Weihnachten“, murmelt er und strahlt über das ganze Gesicht.
Dann nickt er Professor Hoffmann dankbar zu. Friedhelm wird Weihnachten nicht alleine feiern. Und es wird ein ganz besonderes Weihnachtsfest werden!

Impulse zur Geschichte:

- Mit wem haben Sie in jungen Jahren Weihnachten gefeiert?
- Was gab es bei Ihnen früher am Heiligabend zu essen?
- Welche Gerüche gehören für Sie zu Weihnachten?
- An welches besondere Weihnachtsfest erinnern Sie sich?

Das Weihnachtsfest

Vom Himmel bis in die tiefsten Klüfte
ein milder Stern herniederlacht;
vom Tannenwalde steigen Düfte
und kerzenhelle wird die Nacht.

Mir ist das Herz so froh erschrocken,
das ist die liebe Weihnachtszeit!
Ich höre fernher Kirchenglocken,
in märchenstiller Herrlichkeit.

Ein frommer Zauber hält mich nieder,
anbetend, staunend muss ich stehn,
es sinkt auf meine Augenlider,
ich fühl's, ein Wunder ist geschehn.

Theodor Storm

Bibliografische Information der Deutschen Bibliothek
Die Deutsche Bibliothek verzeichnet diese Publikation in der Deutschen Nationalbibliografie; detaillierte bibliografische Daten sind im Internet über http://dnb.ddb.de abrufbar.

2. Auflage 2024

www.kaufmann-verlag.de

Illustrationen: Liliana Danila, shutterstock.com
Druck und Bindung: Balto print

ISBN 978-3-7806-1389-9